水晶寶石 光能療癒卡

CRYSTAL HEALING CARD

AKASH 阿喀許 文 | Rita Tseng 曾桂鈺 文·攝影

目次

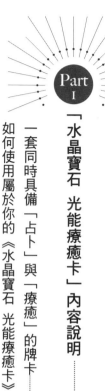

靈魂層次的5個脈輪

宇宙元素——

使用牌卡前的準備工作——

Part 2

「水晶寶石　光能療癒卡」牌義說明 …… 61

黃色寶石系列——

綠色寶石系列——

藍綠色寶石系列——

紫色寶石系列——

白・透明色寶石系列——

金色寶石系列——

銀色寶石系列——

彩色寶石系列——

索 引

前言

水晶不只是一顆礦石，水晶寶石以它完美的宇宙智慧，與豐富的地球經驗，化為「光的實體」。

當人類終於準備好，並演化到更為開悟的層次時，美麗而充滿神祕力量的水晶寶石，就在此刻顯現它的真實身分——完美的宇宙智慧之「光」。

許多在地球上的珍貴礦石，是屬於以太層次的高頻光束，來到地球上有目的地去學習和經驗地球上的生活，並等到適當的時候（現在）現身，教導靈修者如何以最有智慧的方式應用在實際生活中，看見生命的最高目的。

水晶的神祕之處

在水晶療癒世界中，**每一顆水晶寶石都會擔當不同的角色，給予不同的力量和療癒效果**，如黑碧璽所擔當的角色就是一位出色的「能量清道夫」、鈦金就是一個給你充電的太陽力量、星光粉晶讓你敞開心房去接受無條件的愛、藍晶石是一個靈性解碼器，而捷克殞石的任務就是培養超感應力，喚醒天賦才華了。

當你把一顆水晶寶石攜帶在身上，或手握靜心時，它所含有的微電流及磁電特性，可以有效的消除你的鬱悶、濁氣、低頻能量等，使氣場能量瞬間暢通，同時，藉由該水晶所產生的特定能量波動，你就會被它產生的頻率共振所影響。

同時具備「占卜」與「療癒」

在六十四張《水晶寶石 光能療癒卡》中，你將透過水晶所隱藏的靈性知識，協助你了解你目前的生命狀態，呈現你此時此刻的真實心情，讓你更有勇氣與信心去面對一切的改變。透過每張牌卡所給予的訊息與指引，最終你會找到你需要知道的或必須要做的事。

同時，當你手持每張獨一無二的美麗水晶牌卡時，你會感受到牌卡中所散發出的水晶光能量，並與之同頻共振，藉此讓你得到療癒的效果。

Part I

「水晶寶石 光能療癒卡」內容說明

一套同時具備「占卜」與「療癒」的牌卡

最古老的牌卡稱為塔羅牌，塔羅牌的歷史最早可以追溯到十四世紀的歐洲地區，一般用做占卜未來，隨著後來新時代運動（New Age）與心靈治療（Holistic Healing）的興起，現代人傾向將塔羅牌作為自我探索和發展的工具。除了傳統的塔羅牌外，目前在市面上可以看到幾百種不同的牌卡。

然而，「未來」其實就是眾多的「過去」所累積而成，而我們也知道過去已經過去了，未來又還未發生。與其占卜未來，倒不如創造未來。要擁有滿意的未來，關鍵點就是「現在」，由於「現在」以現在進行式的狀態移動，一直都在變動，一切都有可能。

《水晶寶石 光能療癒卡》的目的就是要成為你「現在」的一面鏡子，深入而準確地反映你當下的感受與潛意識的想法，你會驚訝地發現這個古老的占卜卡方法是不會發生失誤的，因為這全是依循宇宙中絕對正確的吸引力法則來運作，意思是你永遠不會抽錯牌。它是一個工具，用來顯露出那個你已經知道的，或是你遺忘的、逃避的、隱藏已久的答案，你將透過內在的直覺，進入生命的核心目標，改寫自己的人生劇本。

如何使用屬於你的《水晶寶石 光能療癒卡》

每一張牌卡都有特定的水晶寶石樣貌和光能振動、牌義文字説明、寶石所屬的晶系、所對應的12個脈輪、宇宙元素。

當你帶著一個問題去抽牌，並請求水晶能量協助你找到答案與指引時，它就會直接反映出你當時的狀況，讀卡時注意牌卡中的水晶光譜、圖象、語句、符號象徵意義，以及任何來到你腦海中的想法和對應的人、事、物，因為這些都是水晶寶石給予你的訊息。

最後，請你繼續手持牌卡凝視片刻，或放在一處你容易看到的地方（如書桌上），讓牌卡中的水晶寶石圖象所散發的光譜，為你進行光能療癒。

牌卡標示說明

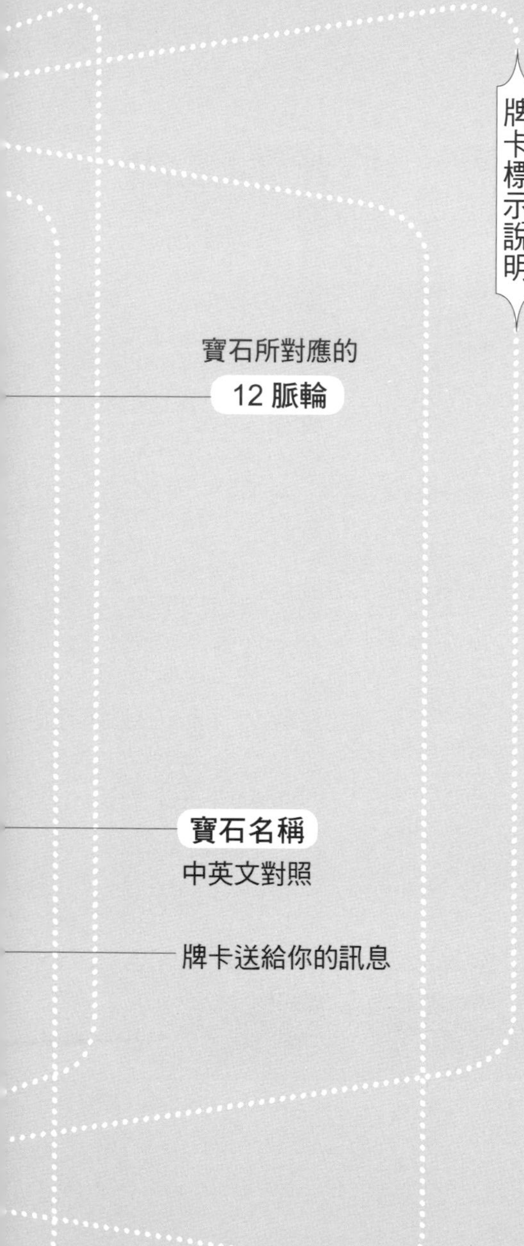

寶石所屬的
晶系

斜方晶系 Orthorhombic 蛻變・轉化
12
11
9
8
彩斑菊石
Ammolite
神聖豐盛的恩典正流向你
從物質到心靈都會越來越多姿多彩
領悟分與合、捨與得的永恆不變定律
63

宇宙元素
地
水
火
風
空
雷電
彩虹

牌卡號碼

晶系——Crystal System——

寶石的組成原子跟所有礦物一樣有一定的排列方式，也就是所謂晶體結構。而晶體結構按照對稱特徵又可分為七大晶系：立方晶系、六方晶系、四方晶系、三方晶系、斜方晶系、單斜晶系和三斜晶系。每一種不同晶系的水晶寶石，都會產生不一樣的療癒特性，每個能量頻率都是獨一無二，而精準地對應你所需要的狀況。除此之外，有部分寶石因為其生長過程，不具有內部有序的晶體結構，所以就不屬於七大晶系中，而另外歸類為非晶質、隱晶質、金屬、有機體等。

各種晶系的療癒特性

1

立方晶系 Cubic

晶體結構：三個晶軸等長且互相垂直。

療癒特性：「穩定．積極」

當你需要穩定發展、積極向上的時候，立方晶系的寶石會很適合你。除了外在的行動力之外，內心的肯定感也同時有幫助。

◆ 所屬的寶石如（註①）：紅石榴石、鑽石、黃鐵礦

2

四方晶系 Tetragonal

晶體結構：三個晶軸彼此互相垂直，其中兩水平晶軸等長，但與另一垂直晶軸不等長。

療癒特性：「啟動．疏通．增強」

四方晶系的寶石不多，而它們的力量卻是很強大的，最佳的例子就是鈦金（金紅石），可以強而有力地啟動行動目標，讓阻塞的能量暢通，是身心俱疲時最棒的充電器。

◆ 所屬的寶石如：鈦晶、銀鈦

註①：各個晶系所屬的寶石索引，請看本書 p.274。

3

六方晶系 Hexagonal

晶體結構：具有四個晶軸，三個水平晶軸等長，彼此以一百二十度交角；第四個垂直晶軸與水平晶軸成直角相交，但不等長。

療癒特性：「擴展・超越」

六方晶系的療癒特性是一個意識的擴展，讓人超越自我的限制，並給予你進入生命成長該有的視野。

◆ 所屬的寶石如：海水藍寶、舒俱徠石

4

三方晶系 Trigonal

晶體結構：與六方晶系的晶軸和夾角關係相同。同樣具有四個晶軸，三個水平晶軸等長，彼此以一百二十度交角；第四個垂直晶軸與水平晶軸成直角相交，但不等長。主要分別是三方晶系具有三角或菱形面。

療癒特性：「指向・前進・動力」

三方晶系的寶石家族算是所有晶系中最大的，其中我們熟悉的石英水晶就是其中之一，三方晶系的療癒特性如一個馬達驅動程式，能夠有效地提升你的前進動力，並指示出正確的方向。

◆ 所屬的寶石如：碧璽、白水晶

5

斜方晶系 Orthorhombic

晶體結構：具有不等長的三晶軸，但晶軸彼此互相垂直。

療癒特性：「蛻變・轉化」

斜方晶系的寶石能量，會協助人們進入生命中的蛻變，並讓過去多餘的能量，轉化成未來前進發展的動力。

◆ 所屬的寶石如：橄欖石、彩斑菊石

6

單斜晶系 Monoclinic

晶體結構：具有不等長的三晶軸，水平的兩軸不垂直，第三軸垂直水平兩軸。

療癒特性：「療癒・淨化」

單斜晶系的寶石都是最棒的療癒師，善於淨化負面情緒，並給予肯定和支持。

◆ 所屬的寶石如：綠龍晶、孔雀石

7

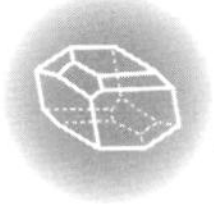

三斜晶系 Triclinic

晶體結構：具有不等長的三晶軸，且不互相垂直。

療癒特性：「揚昇・成長・開創視野」

這個晶系能夠發揮靈魂揚昇的助力，讓心靈茁壯成長，並培養對宇宙奧祕的開創性視野。

◆ 所屬的寶石如：土耳其石、藍晶石

8

隱晶質 Crypto-Crystalline

晶體結構：隱晶質的寶石，因為其晶體結構非常隱密，以至在顯微鏡下仍無法辨認出其晶系，故稱為隱晶質。

療癒特性：「安撫．和諧．放下」

隱晶質的寶石特性是溫柔卻有力的給予安慰，並帶來和諧的氣息，讓該放下的放下。

◆ 所屬的寶石如：海洋碧玉、澳洲玉

9

非晶質 Amorphous

晶體結構：非晶質的寶石，因為生長過程不具有內部有序的結構，原子排列不固定，因而就沒有結構對稱、幾何規則的外形晶體，所以稱之為非晶質寶石。

療癒特性：「調節．平衡」

對於能量失衡或過多所造成的傷害，非晶質的寶石能夠給予適當的調整。

◆所屬的寶石如：黑曜岩、粉紅蛋白石

10

金屬 Metal

療癒特性：「力量」

金屬是純粹力量的來源。

◆所屬的寶石如：黃金、鎳鐵隕石

11

有機體 Organic Mineral

療癒特性：「生命力」

有機體就是宇宙萬物之間的生命力。

◆所屬的寶石如：巨齒鯊化石

12脈輪——Chakra——

從人體的七脈輪到靈魂層次的十二脈輪

脈輪，梵文為Chakra，意即轉動的輪子，最早記載於印度古老的吠陀經中。

脈輪是人體的能量中心，位於頭頂中央至脊椎底端的中軸線上。人體共有七個脈輪，而脈輪其實並不是一個實質的有形物質，它是一個肉眼所看不見的輪狀旋轉光芒。

每一個脈輪各有其特殊的頻率，負責特定的任務，並直接連接神經網路，影響著我們的心理狀態。同時脈輪的能量是否暢通，也會影響附近器官的運作。在生命的過程中，你所累積的壓力、恐懼、悲傷等情緒，都會阻礙脈輪轉動甚至停滯，繼而使身心失衡疲憊。

其實除了我們較熟悉的身體層次中7個脈輪以外，我們還有屬於靈魂層次的5個脈輪，分別為大地之母星（Earth Star）、靈魂之星（Soul Star）、揚昇輪（Causal Chakra）、基督意識（Christ Consciousness）、星際門戶（Stellar Gateway）。

高頻水晶的能量能讓你重新啟動所有脈輪

每一種水晶寶石都對應我們不同的脈輪，當我們可以透過水晶寶石的能量頻率去啟動被切斷、遺忘的十二脈輪系統時，我們就會重新獲得本來就存在於靈魂記憶中的光碼，這些光的密碼會帶給我們更多靈性成長上的協助，擴展我們的意識，更能夠完全發揮自己的潛力，並有機會與你的高我連結。

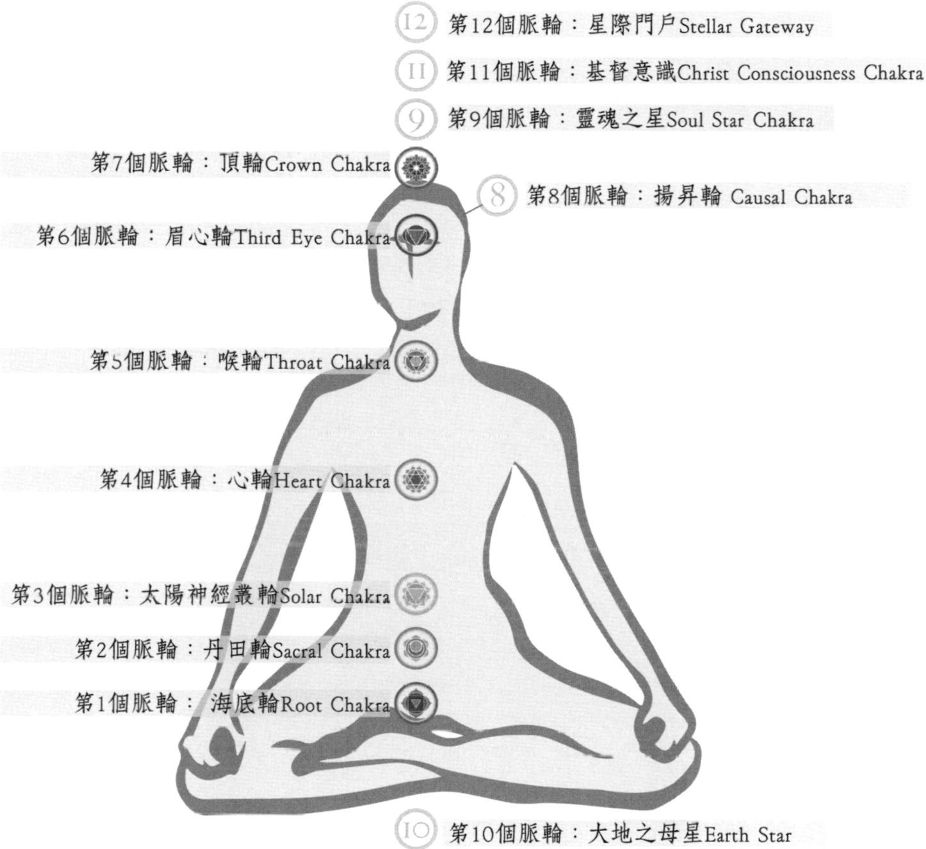
12 第12個脈輪：星際門戶Stellar Gateway
11 第11個脈輪：基督意識Christ Consciousness Chakra
9 第9個脈輪：靈魂之星Soul Star Chakra
第7個脈輪：頂輪Crown Chakra
8 第8個脈輪：揚昇輪 Causal Chakra
第6個脈輪：眉心輪Third Eye Chakra
第5個脈輪：喉輪Throat Chakra
第4個脈輪：心輪Heart Chakra
第3個脈輪：太陽神經叢輪Solar Chakra
第2個脈輪：丹田輪Sacral Chakra
第1個脈輪： 海底輪Root Chakra
10 第10個脈輪：大地之母星Earth Star

身體層次中七個脈輪

第1個脈輪：海底輪 Root Chakra

能量頻率：生命力、性能量、與大地的連結

海底輪掌管我們的生命本能、動物性能量，以及與原生家族和大地之母的關係。

從身體層面來看，會影響到生殖系統、腿部。

◆ 所對應的寶石如（註②）：赤鐵礦、薩滿魔石

第2個脈輪：丹田輪 Sacral Chakra

能量頻率：最真實的情感、慾望

丹田輪掌管我們最真實的情感、壓抑的情緒、性慾、對外界的熱情或冷漠、母性能量。

從身體層面來看，會影響到子宮、卵巢、腎臟、泌尿系統。

◆ 所對應的寶石如：紅石榴石、星光紅寶

第3個脈輪：太陽神經叢輪 Solar Chakra

能量頻率：自我價值、勇氣、力量

太陽神經叢輪負責給予我們勇敢、自我肯定、行動力，又跟工作、金錢有關。

從身體層面來看，會影響到消化系統、免疫系統、肝膽腸胃。

◆ 所對應的寶石如：虎眼石、黃金琥珀

註②：各個脈輪所屬的寶石索引，請看本書 p.281。

第4個脈輪：心輪 Heart Chakra

能量頻率：給予愛與接受愛的能力、內心的信任

心輪給予我們一個最重要的能量——愛，這是我們生命的意義，心輪掌管給予愛，與接受愛的能力，同時亦是培養同理心和慈悲心的能量出入口。

從身體層面來看，會影響到心臟、肺部、乳房。

◆ 所對應的寶石如：星光粉晶、綠碧璽

第5個脈輪：喉輪 Throat Chakra

能量頻率：誠實表達自我、溝通、個人意志的顯現

喉輪的能量是關於真實表達自我，把你的真心話說出來，懂得拒絕，與人溝通的能力，和把想法呈現出來（包括以非語言方式，如行為、藝術創作等）。

從身體層面來看，會影響到呼吸系統、甲狀腺、咽喉痛、頸部僵硬、口腔牙齒。

◆ 所對應的寶石如：天河石、海水藍寶

第6個脈輪：眉心輪 Third Eye Chakra

能量頻率：直覺力、洞察力、智慧

眉心輪又稱為第三眼，重要的意識總部，負責你的專注、洞察，和直覺力。

從身體層面來看，會影響到頭部、睡眠品質、注意力是否集中。

◆ 所對應的寶石如：青金石、藍銅礦

第7個脈輪：頂輪 Crown Chakra

能量頻率：靈性能量出入口、生命的最高目標、與宇宙的連結

頂輪就是我們人體的靈性能量出入口，負責找到靈魂今生成為人的生命的最高目標，當你有機會與宇宙連結的時候（如到達某個聖地、遇到你的上師、靈性點化儀式等），頂輪就會被啟動。

從身體層面來看，會影響到頭部和腦部。

◆ 所對應的寶石如：舒俱徠石、紫鋰輝石

8

第8個脈輪：揚昇輪 Causal Chakra

能量頻率：靈性的腦、靈性訊息的解碼器、負責如何實現自己的神聖計劃

揚昇輪的位置在距離後腦勺上方約五至十公分。揚昇輪其實就是我們靈性的腦，當我們接觸有關神祕難懂的知識，或宇宙高頻訊息時，揚昇輪就像一台靈性訊息的解碼器，讓我們「懂」以後，再分享出去。

從靈魂層面來看，會影響到你對累世生命的因果了解，所以揚昇輪又名業力輪。

◆ 所對應的寶石如：藍晶石、透石膏

9

第9個脈輪：靈魂之星 Soul Star Chakra

能量頻率：代表聖靈、高我的住所

靈魂之星的位置在距離頭頂上方約五至十公分。靈魂之星是我們高我的家，所謂高我，就是離開所有多餘的頭腦、情緒和分別心的我的一個狀態（又稱小我），也有人稱為本尊、聖靈、真我等。當你有機會認清自己的高我時，你才是真正的了解自己，我是誰？

從靈魂層面來看，會影響到你對最終極真理的了悟（非了解明白），和修行方向。

◆所對應的寶石如：赫基蒙鑽、導師紫水晶

10

第10個脈輪：大地之母星 Earth Star

能量頻率：與大地之母的連結與保護

大地之母星的位置在距離腳下方約五至十公分。大地之母是地球的母親（希臘神話中的蓋婭〔Gaia〕、中國的女媧與后土、印加帝國的帕查瑪瑪〔Pachamama〕等），是一個活生生的偉大能量體，掌管大自然與生命的循環，給予你生命中所需要的愛與力量，包括喜悅幸福、健康、工作、愛的關係、金錢、氣候等。藉由大地之母星脈輪與大地之母連結，接受愛與慈悲，來支持你繼續前進，更有信心和力量走上自己的道路。

從靈魂層面來看，會影響到你與大地之母的關係，即在地球上生存環境中的穩定性、安全感，和所需的豐盛富足。

◆所對應的寶石如：赤鐵礦、阿帕契淚滴

II

第11個脈輪：基督意識 Christ Consciousness Chakra

能量頻率：神聖無條件的愛、完美無缺的慈悲與智慧、菩薩與大天使之光

基督意識的位置在距離靈魂之星上方約五至十公分。基督意識脈

輪是與第五次元空間的高靈、大天使或菩薩連結的地方，當你的愛和智慧都到達某個高度的時候，你的大愛能量頻率，就會啟動這個脈輪，你將帶著完美無缺的慈悲與智慧頻率，呈現神聖無條件的愛予所有眾生。

從靈魂層面來看，會影響到你如何提升你的小愛（熱心善良）到大愛（慈悲與智慧），並走向菩薩道路上的修鍊。

◆所對應的寶石如：大教堂水晶、異象水晶－大天使

12

第12個脈輪：星際門戶 Stellar Gateway

能量頻率：合一歸零、圓滿、回家、一切的一切、永恆、存在

星際門戶的位置在距離基督意識上方約五至十公分。星際門戶就是每個靈魂的家門，當我們累世靈魂的功課和任務都完成以後，就是回家的時候了，每個生命都會有這一天的到來，來到靈魂的最後一堂課——合一歸零。那時你既是消失，又無所在，你充滿

整個宇宙，宇宙也充滿你，真正了悟你與萬物再也沒有分別了，一切都圓滿了。

從靈魂層面來看，會影響到你如何將意識進入更深的振動與擴展，以達到了悟生命之道，並往回家的方向前進。

◆ 所對應的寶石如：超七、列木利亞種子水晶激光柱

宇宙元素——

在大自然中，你可以看到上帝的顯現，從地、水、火、風中能夠經驗到祂的愛和包容，從雷電中體會到祂的威力，彩虹中看到奇蹟與希望，而在空中的一切既是真實又如虛空。

其實，許多在地球上的珍貴寶石，是屬於以太層次的高頻光束，來到地球上有目的地學習和經驗地球上的生活，並等到適當的時候現身，且擔負它的神聖任務，每個寶石都擁有各自的宇宙元素，並盡責謹守崗位，穩定並持續地送給我們所需的能量頻率，協助我們此生為人在地球上的成長。

各種宇宙元素的象徵意涵

1 地

能量特性：落實在實際層面

大地孕育、滋養一切。連結大地的能量會使我們落實、扎根地活在當下。地是我們人類堅實的根基，然而生活在鋼筋叢林的都市中，我們無可避免地失去了與大地的連結，使我們變得浮動、太多的空想、容易不安，導致做事不夠實在，缺乏扎根的力量。地能量能夠穩定身體與心靈，並且能夠把目標更落實地實現。

◆ 所代表的寶石如（註③）：赤鐵礦、紅石榴石

註③：各種宇宙元素所屬的寶石索引，請看本書 p.301。

2

水

能量特性：流動、淨化、轉化、融合的狀態

水的能量能夠帶來流動，協助所有阻塞的問題得到改善，水在宗教信仰中的象徵意義就是淨化、潔淨、洗滌蒙受污染的心。水同時也和情感、感受力相關，能夠滋潤轉化所有情緒，並讓人與人、人與天地之間得到融合的狀態。

◆ 所代表的寶石如：海水藍寶、白水晶

3

火

能量特性：熱情、動力、更積極投入

火顯現熾熱的特性，使萬物得到溫暖，孕育生命，同時為世界帶來熱情與動力，對於感到失望、對生命意義迷茫，或需要更多動力時，都可以透過火的能量，來使你更積極投入你當下的狀況。

◆ 所代表的寶石如：鈦晶、黑曜岩

4

風

能量特性：吹散、變動、擴展、放下、鬆開

當大範圍的空氣流動就會產生風，風帶給地球流動的能量。就像一場動態式地靜心，當風吹起，就能調節空氣和雨水，平衡海洋與大地。風能夠吹走、鬆開停滯不前的狀況，並再次更新及擴展我們的思想、情感、言語與行動，帶來重生的可能性，就如花草植物藉著風作為傳播繁殖的媒介。

◆所代表的寶石如：拉長石、丹泉石

5

空

能量特性：未顯化的宇宙意識，也就是一切萬物的源頭，提供空間讓生命生長

空元素代表空間，無限可能的空間、永恆未顯化的宇宙意識，一切萬物的源頭，非有也非虛空，是一個創造的空間，沒有我，卻充滿我的合一境界。

◆ 所代表的寶石如：黃金方解石、大教堂水晶

6

雷電

能量特性：強而有力、不可忽略的力量

當兩塊帶電的雲層相遇產生火花放電的現象，就是閃電。而閃電產生高溫，周邊空氣因受熱而急速膨脹而發出的強大聲響，就是雷。兩個合起來就是雷電，一種強而有力，不可忽略的力量，是當頭棒喝的提醒，是非做不可的動力，是速度與力度同樣強大的助力正在進行。

◆ 所代表的寶石如：鑽石、鎳鐵隕石

7 彩虹

能量特性：希望、運氣、來自天上的祝福、把握瞬間契機

當空氣中的水氣受到陽光照射時，就會因為折射作用而產生七彩光譜的彩虹。一般來說都是雨後剛轉天晴時出現，所以彩虹一直以來都象徵著生命難關過後出現的轉機，也就是希望。

彩虹的能量除了希望和運氣之外，從古至今，我們都聽到每當聖人或天使出現的地方，天上都會忽然出現彩虹的吉祥現象，所以彩虹也代表著來自天上的祝福之意。

◆ 所代表的寶石如：彩虹水晶球、彩斑菊石

使用牌卡前的準備工作——

步驟一：淨化牌卡

由於你的牌卡是神聖而敏感的工具，所以你第一次拿到這副牌的時候，必須先清理從生產運送過程中所吸附的多餘能量。

先將左手握著整副牌卡，然後再用右手掌心敲打三下，觀想把牌卡中所有舊有的多餘能量清除掉，回歸至純粹本然的狀態。

步驟二：啟動牌卡

1、將整副牌卡握在雙手中，並放在胸前心輪位置，閉上眼睛，深呼吸五至十次，讓自己與牌卡開始產生連結。

2、接著，將牌卡圖案面朝自己以扇狀攤開，然後對牌卡吹一口氣，以象徵把你的氣息送上。

3、最後，把任何你希望這副牌卡可以帶給你的力量與協助唸出來，如力量、信心、洞察力、智慧等……以下是我個人用來啟動牌卡的祈請文，你可參考看看，並修改部分內容，得以更符合你自己的需求。

「我誠懇的邀請《水晶寶石 光能療癒卡》成為我的生命工具，使我在解讀牌卡時得到最清晰明確的答案，並協助我與我的個案更能了解目前所面臨的問題，找到最適合的對策。但願我能離開『小我』的主觀意識，以『高我』的智慧去接受更多更有高度、深度，與廣度的訊息，為每一個接觸這副牌卡的人都帶來神聖的療癒與祝福。」

當你完成啟動儀式後，這副牌卡便攜帶著你的氣息與意念，現在正式成為你的靈性工具。

接下來，你可以將牌卡一張一張翻開，帶著虔誠與專重的態度，細心觀看每張牌卡的內容，並感受牌中的水晶寶石光療能量。

注意1：

這是屬於你個人的牌卡，你可以幫自己占卜，也可以幫別人占卜，但不建議與他人共用，也不要借別人使用。

注意2：

如果當你的牌卡被別人不適當的觸碰，或感到牌卡因過度使用，而佔附過多能量導致解讀困難時，你可以重複進行步驟一與步驟二。

正式開始使用牌卡——

步驟一：提出你的問題

每次抽牌前都應該先提出你的問題，如果你是為他人占卜，也請他把問題說出來。一次請教一個問題。問題盡可能清晰明確，避免模稜兩可。記住！你的提問越清楚，得到的答案就越明確。

如果你真的沒有想問的問題，你也可以心中默念：「祈請水晶牌卡送給我目前所需要的提醒與力量。」

步驟二：洗牌

一邊洗牌一邊想著你的問題，並祈請水晶能量給予你最合適的答案與提醒。當你洗牌時，你可能會出現一些感覺、想法、訊息去告訴你該停止洗牌了，又或是你就只是覺得已經可以了，那麼你就停下來，關鍵是信任你的直覺與內在的指引。

步驟三：抽牌

你可以選擇將牌卡正面朝下以扇狀攤開在桌面上，用你（具有接受性）的左手以直覺抽出牌卡；或把整副牌卡握在手中，同樣用你的左手抽出最上面的一張。

步驟四：解讀

當你準備好了，才開始慢慢地、保持覺知地將所抽到的牌卡反過來打開，然後靜心細看，這是占卜解讀的關鍵時刻，會影響你接收訊息的敏感度。

此時此刻，你要做的就是信任你的直覺力，觀察牌卡上的水晶圖像、顏色、形狀、牌義文字說明、所對應的脈輪、宇宙元素、療癒特性，和任何與你當下問題相關的人、事、物。解讀牌卡時，要特別注意在你心中浮現的第一個印象，這往往是最直接有用的核心線索。

與此同時，你亦可以參考這本小書的 Part 2 牌義說明，當中會列出每一張《水晶寶石 光能療癒卡》的內容說明與象徵意義。

步驟五：接收水晶光能療癒

最後，請你繼續手持這牌卡凝視片刻或進行靜心冥想，或放在一處你容易看到的地方（如書桌上），讓牌卡中的水晶寶石圖象所散發的光譜，和你所接收到的正面訊息進入內在，為你進行光能療癒。

各種不同的牌陣——

除了上述介紹以抽「一張卡」作為占卜方式以外，你也可以選擇以不同的牌陣方式，去探索更多不一樣的方向、建議與洞見。

牌卡占卜的方法非常彈性，也沒有說那一種牌陣方法最好，只要找到適合你自己的方式就可以了，一般的書店很容易找到相關的書籍作為參考，此外你也可以設計自己的抽牌方式，選擇最適合的牌陣為你個人生命的指引。

以下我會介紹幾種常見又好用的牌陣給你參考：

一張卡

最簡單純粹的快速提問

◆ 適合單一問題、靜心冥想、能量充電、當天的指引或提醒

心中默念：「祈請水晶牌卡送給我目前所需要的提醒與力量。」

一張卡牌陣

兩張卡

比較牌陣

◆兩者比較、二選一、去或留、要不要、放下或堅持

兩張卡牌陣

三張卡A
時空牌陣

- ◆第一張卡代表問題過去的情況
- ◆第二張卡代表問題現在所面臨的困境和需要知道的真相
- ◆第三張卡代表問題未來的發展（記住！當你因為透過牌卡的指引而改變第二張卡「現在」的處境時，那麼「未來」亦因你的選擇而改變）

三張卡A牌陣

三張卡B

核心價值牌陣

◆第一張卡代表整個事情的核心價值

◆第二張卡代表這個選擇是否達到第一張卡的核心價值

◆第三張卡代表另一個選擇是否達到第一張卡的核心價值

（例：我要不要離職到另一間公司？第一張卡代表工作對你來說最重要的是什麼？如果牌卡的答案是能夠擁有更大的發揮空間。那麼我們就來看看第二張卡代表留在原來的公司是否能擁有更大的發揮空間？還是第三張卡代表的新公司會更有機會呢？）

三張卡 B 牌陣

四張卡

關係牌陣

可以清晰地看到你跟某人的關係狀態

1、你在這段關係上的狀態

2、對方在這段關係上的狀態

3、從客觀角度來看兩人在這段關係上的狀態

4、牌卡所給予這段關係的建議和指引

四張卡牌陣

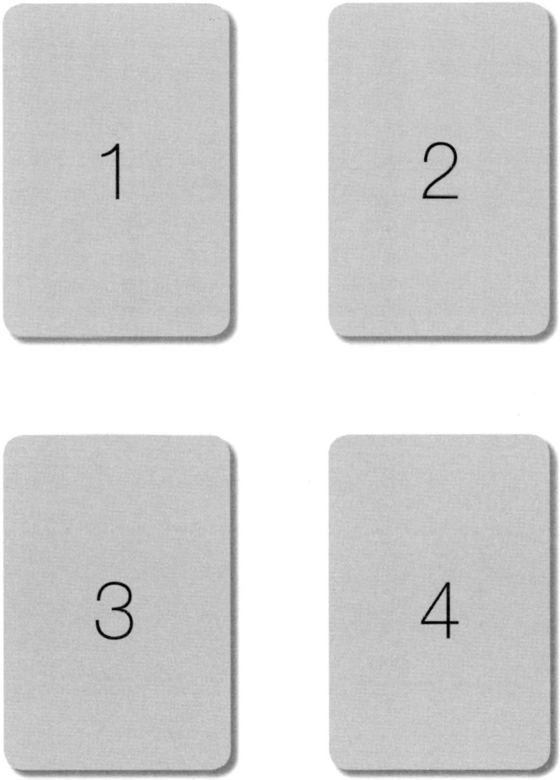

五張卡

多角度思考牌陣

1、問題的表象

2、你能夠知道的原因

3、你看不到的原因

4、目前你最需要的

5、終極的答案

五張卡牌陣

Part 2

「水晶寶石 光能療癒卡」牌義說明

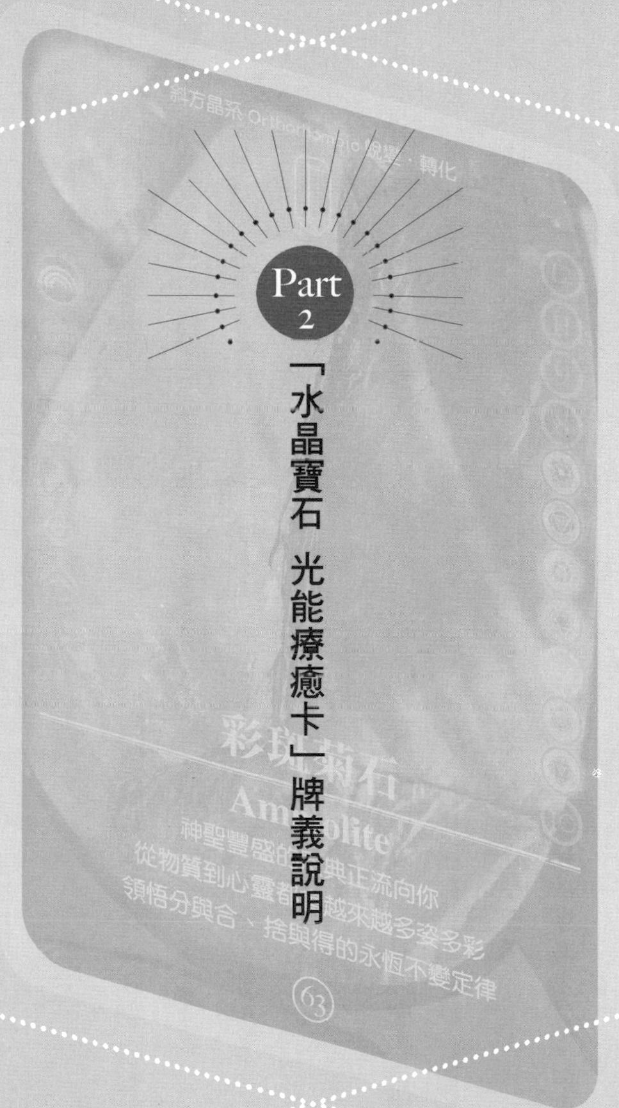
領悟分與合、捨與得的永恆不變定律

三方晶系 Trigonal 指向・前進・動力
赤鐵礦
Hematite
不用怕！大地之母會給你能量保護
穩定心神 信任自己內在的力量
把天馬行空的想法落實執行
I

所對應的脈輪：

① 海底輪——生命力、性能量、與大地的連結

⑩ 大地之母星：與大地之母的連結及保護

宇宙元素：地——落實在實際層面

晶體結構：三方晶系 Trigonal——指向・前進・動力

◆ **牌義說明：**

當你抽到這張卡代表你目前最需要的是穩定心神，落實內在的力量。

也許你正遭受驚恐或壓力，而心神飄忽不定。親愛的，不用怕！你將受到神聖的保護，大地之母將會保護你，並協助你清理所有身心靈上的負面能量，因為赤鐵礦是與大地之母連結的最佳礦石，它是你忠誠的守護者。信任你自己，你是安全的。

◆ **補充建議與提醒：**

停止太多不切實際的幻想，是時候把天馬行空的想法落實執行。

◆ **赤鐵礦的能量特性：**

它是與大地之母連結的礦石，它的外表毫不起眼，一般人可能以為它只是一顆普通的石頭，其實它一點都不普通。赤鐵礦（Hematite）的名字來自希臘文「血」的意思，當你把石頭打破以後，你會看到黑色外表裡面是很深的血紅色顏色。它的含鐵量很高，鐵粒子會增強氧在體內的含量，並把光的能量注入血液中，去療癒有關血液的疾病。赤鐵礦是與大地之母連結的最佳礦石，它象徵大地裡的血液，有很強的接地能量，除了對應我們的海底輪以外，同時也對應我們腳下約30公分的乙太體脈輪——地球之星（Earth Star Chakra）。

它也是一種強大而有力的守護礦石，長久以來被用來作為護身符。

傳說古希臘人與古羅馬人都認為赤鐵礦就是來自火星的戰神（Mars Ares）。古羅馬人甚至會把赤鐵礦磨成的紅色粉末塗抹在臉上，代表與戰神合一，使他們戰無不勝。

◆ 接收水晶寶石光能療癒：

現在，請你手持這張赤鐵礦牌卡，去感受圖片中所散發出來的能量頻率，你會發現它是那麼的沉穩有力，持續接受這股受保護的力量。同時，赤鐵礦能夠防止負面能量入侵你的氣場，作為能量保護盾牌，也可以用於空間的結界。它是你的戰神，又是你的大地之母。

褐色寶石系列

立方晶系 Cubic 穩定・積極
12
11
9
8
薩滿魔石
Boji Stone
連結大地之母
平衡你的陰性與陽性能量
落實紮根的活在當下
2

所對應的脈輪：

- ① 海底輪——生命力、性能量、與大地的連結
- ② 丹田輪——最真實的情感、慾望
- ⑩ 大地之母星：與大地之母的連結及保護

宇宙元素：地——落實在實際層面

晶體結構：立方晶系 Cubic——穩定・積極

◆ **牌義說明：**

當你抽到這張牌代表著大地之母正在呼喚你了！大地是我們人類堅實的根基，然而生活在鋼筋叢林的都市中，我們無可避免地失去了與大地的連結，使我們變得浮動、太多的空想、容易不安，導致做事不夠實在，缺乏扎根的力量。連結大地的能量會使你落實、扎根地活在當下，創造更多活力和生命力。

同時，薩滿魔石也提醒你要平衡你的男性與女性能量，時常提醒自己要保持中庸之道，同時發揮自己的陰性與陽性能量（陰性能量：過去、感性、接受、聆聽、愛、藝術；陽性能量：未來、理性、給予、行動力、勇氣、邏輯）。

◆ **補充建議與提醒：**

試著在陽光燦爛的日子，找機會去接觸更多大自然，光腳踏上土地去接地氣，吸收負離子（空氣中的維他命），釋放多餘的正離子（疲倦離子）。

◆ **薩滿魔石的能量特性：**

薩滿魔石產自美國堪薩斯州，為印第安薩滿經常使用的護身和療癒工具。薩滿魔石是由多種金屬組合而成的硫化鐵，所以它的顏色大多是深紅褐色（鐵質氧化），代表著大地之母的力量。薩滿魔石有公石和母石之分，公石表面比較粗糙凹凸不平，而母石表面則比較平滑。使用薩滿魔石時，都是公母兩石同時使用的，目的是尋找體內能量所窒礙、過多或缺乏的地方，或感到空虛、浮燥、孤單時，再給予補充和平衡。

◆ **接收水晶寶石光能療癒：**

我正透過薩滿魔石之光，恢復我與大自然土地的關係，並穩定我的身體與心靈。同時，我的左腦與右腦、理性與感性、陽剛與陰柔，內在男人與女人的能量也平衡了。

三方晶系 Trigonal 指向．前進．動力
12
11
9
8
10
黑碧璽
Black Tourmaline
現在就開始要動起來
清理疏通所有生命中的阻塞
停止被外界吸收你的能量和精力
3

所對應的脈輪：

① 海底輪——生命力、性能量、與大地的連結

宇宙元素：雷電——強而有力的力量、不可忽略

晶體結構：三方晶系 Trigonal——指向．前進．動力

◆ **牌義說明：**

你是否太累了？你從他人身上或某個環境中，吸收太多不必要的負面能量。這張牌卡提醒你要停止這種狀態，不要讓自己繼續無意識地被外界吸收你的能量和精力。

並且要開始動起來，不要再停滯不前或悶悶不樂。去消除鬱悶、濁氣，或外來低頻能量，清理疏通所有生命中的阻礙。注意你所居住或工作的地方，是否有隱藏有害的輻射或電磁波等負面能量。

◆ **補充建議與提醒：**

嘗試去做運動，讓身體氣場能量流通，舒緩神經系統的緊張。

◆ **黑碧璽的能量特性：**

黑碧璽比起其他水晶礦石具有更強大地熱電性及壓電性，所以又名為黑色電氣石（Black Tourmaline）。在水晶治療的世界中，黑碧璽所擔當的角色就是一位出色的「能量清道夫」。

碧璽之所以稱為電氣石，是因為碧璽的結晶體能夠產生永久性的微弱電流，而這種永久的電氣形成一個電磁場域，當電磁場域的水分被電解時，就會產生如大自然瀑布出現的負離子。而這種透過碧璽所產生的負離子，已經被科學家證實，對人體健康有著很大的幫助，首先它能夠產生負離子效應，活化體內的細胞。當你把一顆黑碧璽攜帶在身上，或手握靜心時，它所含有的微電流及磁電特性，可以有效的消除你的鬱悶、濁氣、低頻能量等，使氣場能量瞬間暢通。將較大體積的黑碧璽長期擺在電腦旁，更可以減低電磁波等幅射影響。

更厲害的是它擁有一個「無底垃圾桶」的能耐，不論它消除多少負面能量都幾乎不用消磁淨化，它可以日以繼夜守護你的能量場，尤其是下半身的三個脈輪。

◆接收水晶寶石光能療癒：

現在請你以一種放鬆的姿勢靜靜的坐著，嘴巴微開，慢慢的呼吸約兩至三分鐘。

然後，開始觀想黑碧璽之光開始疏通你體內的能量，你正感受著一波波的「電流」夾帶著阻塞的能量，在黑碧璽的光能帶領下，慢慢地流出體外了……。

你感到身體氣場的能量開始流通了。

非晶質 Amorphous 調節・平衡
12
11
9
8
10
黑曜岩
Obsidian
接受自己黑暗面 不被罪惡感淹沒
承認自己真實情感 做個不完美的人
不要無底線地吸收他人的負面能量
4

所對應的脈輪：

① 海底輪——生命力、性能量、與大地的連結

② 丹田輪——最真實的情感、慾望

宇宙元素：

地——落實在實際層面

火——熱情、動力、更積極投入

晶體結構：非晶質 Amorphous——調節・平衡

◆牌義說明：

你是否沒有接受自己真實的樣子？你經常都努力克制內心的黑暗面，盡可能壓抑每一種不好的情緒，你告訴自己要避免憤怒、悲傷、不高興等負面感受。但其實「逃離黑暗，只會加強它的力量」。

現在黑曜岩之光邀請你去學習接受自己的黑暗面，承認自己的真實情感，停止被罪惡感所淹沒，並試圖去尋找生命給予了你哪些有價值的提醒。

這張牌卡同時要提醒你，有時候你不用去討好每一個人，不要無底線地接收他人的負面能量。

◆補充建議與提醒：

如果有機會，試著把你內心的黑暗面，告訴一個你信任的人。

◆黑曜岩的能量特性：

黑曜岩是一種酸性玻璃質火山岩，成因是因為火山熔岩迅速冷卻凝結，沒有足夠的時間長出礦物晶體，而形成玻璃質礦石，所以黑曜石通常都是在火山熔岩流外圍被發現。

黑曜岩（Obsidian）這個字源自希臘文的opsianos，意思是「看見」。

黑曜岩協助你看到自己的黑暗面以外，亦同時具有吸納邪氣、病氣、護身和辟邪的力量，在中國古代佛教文物中，就有相當多有關於鎮宅或避邪的黑曜石聖物或佛像。

此外由於黑曜石具有玻璃的特性，敲碎後斷面呈貝殼斷狀口，十分鋒利。遠古石器時代曾被用作刀，箭頭等切削用具，所以又稱為「黑金剛武士」。

◆接收水晶寶石光能療癒：

現在你對自己說：「我邀請黑曜岩之光，協助我看到自己的黑暗面、接受自己的黑暗面、超越自己的黑暗面，並運用自己的黑暗面成為生命成長的踏腳石。我不用去討好每一個人，並欣賞自己現正真實的樣子，我從黑暗中看見光，當我準備好的時候，我願意成為一盞明燈，為需要的人引路。」

非晶質 Amorphous 調節 · 平衡
12
11
9
8
10
阿帕契淚滴
Apache Tears
拒絕受強迫 不再受傷害
停止哀傷 重拾力量振作起來
與其怨天尤人 倒不如做些改變
5

所對應的脈輪：

① 海底輪——生命力、性能量、與大地的連結
② 丹田輪——最真實的情感、慾望
③ 太陽神經叢輪——自我價值、勇氣、力量
⑩ 大地之母星：與大地之母的連結及保護

宇宙元素：

火——熱情、動力、更積極投入
水——流動、淨化、轉化、融合的狀態

晶體結構：非晶質 Amorphous——調節 · 平衡

療癒特性：安撫性

◆ **牌義說明：**

你的眼淚已經流乾了，是時候停止哀傷，再度拿回你的力量振作起來！你必須尊重你心所想，停止再委屈自己了（你騙得了別人，騙不了自己），告訴自己我不會再被別人欺負。

與其被動地怨天尤人，倒不如主動去做些什麼改變狀況。學會勇敢地為自己站出來，懂得拒絕與堅持。

◆ **補充建議與提醒：**

阿帕契淚滴來自一段美麗的傳說，於一八七〇年代，英勇的印地安阿帕契族戰士，因為要奪回他們被佔領的土地，與美國政府軍隊作戰，75名戰士中的50人已經死亡，其餘活著的戰士，被逼到一處懸崖上，然而面對戰敗，他們不屈服投降，寧可肉身死亡，也不願靈魂受到捆綁，最後選擇全部跳下懸崖自盡。隔天清晨，戰士們的妻子和家屬們來到懸崖邊，哀悼死者的靈魂，無法停止地流下悲傷的淚水。族人的遭遇感動了上天，上天於是將她們的眼淚凝結，化成一顆顆黑色的寶石，又名阿帕契淚滴，使她們不再悲傷，並且告訴她們說：「從今以後你將拒絕受強迫，並不會再受到傷害，我會眷顧你。」

◆阿帕契淚滴的能量特性：

來自美國亞利桑那州的阿帕契淚滴，是火山噴發出的酸性熔岩，被急劇冷卻後形成的玻璃質火山岩，同屬黑曜岩家族寶石，但在強光照射下，這個特別的冰種黑曜石，可呈現出透光的澄淨質感。依據阿帕契淚滴的傳說，當你擁有這個黑色石頭，將不再悲傷，永遠不用再哭泣了，因為阿帕契族的婦人已經為你流乾了所有眼淚，你將從黑暗悲傷中看見光芒，故阿帕契淚滴又稱之為「忘憂石」。

◆ **接收水晶寶石光能療癒：**

感謝阿帕契淚滴寶石，讓我拿回拒絕的力量，重新再一次尊重自己的想法，不再受委屈，回到自己的中心，並以肯定的態度對以任何形式傷害或強迫自己的人、事、物說「不」。

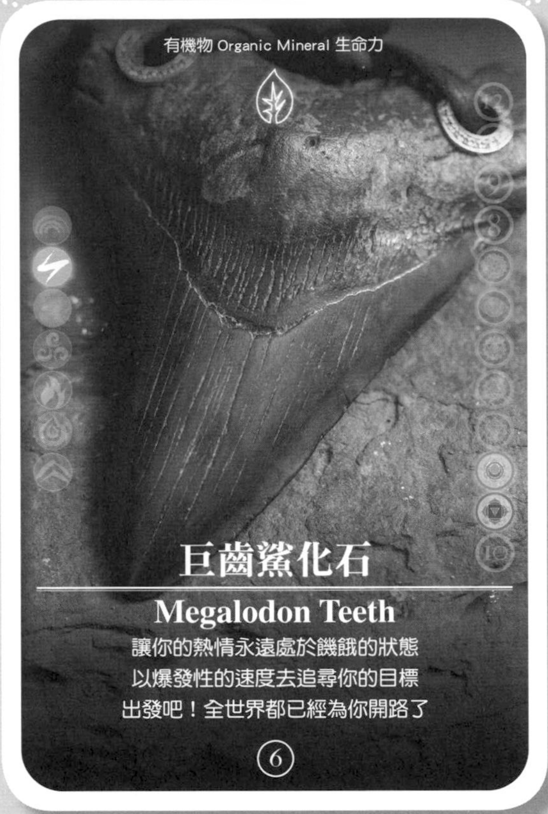
有機物 Organic Mineral 生命力
巨齒鯊化石
Megalodon Teeth
讓你的熱情永遠處於饑餓的狀態
以爆發性的速度去追尋你的目標
出發吧！全世界都已經為你開路了
6

所對應的脈輪：

① 海底輪——生命力、性能量、與大地的連結

② 丹田輪——最真實的情感、慾望

宇宙元素：雷電——強而有力的力量、不可忽略

晶體結構：有機體 Organic Mineral——生命力

◆ **牌義說明：**

這張牌要告訴你的是，其實你的能力比你以為的強，你的成就絕對不只是現在這個樣子！記住，在你身上是沒有不可能的事的。

重新提起你的幹勁，回到原本的初心，讓你的熱情永遠處於饑餓的狀態，並以爆發性的速度去追尋你的目標。出發吧！全世界都已經為你「開路」了。

◆ **補充建議與提醒：**

如果現在的你真的對很多事情，包括非做不可的事都感到疲倦，完全提不起勁去執行，那麼你可以先什麼都不想，全心全意休息一陣子後，再全力以赴地重新出發。

◆巨齒鯊化石的能量特性：

巨齒鯊是遠古海洋的霸主，巨齒鯊化石的能量能夠給予你猛烈的巨大力量，讓你毫不遲延地展開你的工作與計劃。

巨齒鯊（Megalodon），希臘文的意思是「巨大的牙齒」，是已滅絕的史前最巨大鯊魚種類，生存於二千三百萬至二百六十萬年前，推測牠的體長可達20米（約六層樓高），體重約60噸以上（相等於10頭大象加起來的重量），是地球上最大海洋掠食者之一，同時也是歷史上已發現的咬合力最強的生物，咬合力達20至35噸，其撕咬力量超越了許多史前恐龍。

◆接收水晶寶石光能療癒：

觀看著這張巨齒鯊化石的牌卡，心中想著「我擁有強烈巨大的力量，去克服所有的阻礙，並以爆發性的速度去追尋我要的，我愛我自己，也愛我所做的一切，沒有任何人、任何事可以威脅到我，我是我生命的霸主。」

立方晶系 Cubic 穩定．積極
紅石榴石
Red Garnet
好好照顧自己 停止過度操勞
愛你的身體 給予足夠休息和充電
接受你所有的生理反應和身分認同
7

所對應的脈輪：

① 海底輪——生命力、性能量、與大地的連結

② 丹田輪——最真實的情感、慾望

宇宙元素：地——落實在實際層面

晶體結構：立方晶系 Cubic——穩定．積極

◆**牌義說明：**

你是否操勞過度？排斥自己的女性身分？或身為男人覺得不夠男子氣概？對性有壓抑或罪惡感？

也許是時候要好好愛自己，同時也要認真地照顧自己的身體了。改變你的思維，啟動海底輪和丹田輪的生命力，重新欣賞你自己，並以自我身分的認同為傲，放下對性和親密關係的排斥。

同時，不要再頑強地拒絕承認自己的身體健康出現狀況了！身體是靈魂的家，去休息、滋養這個「神聖的殿堂」吧！

◆**補充建議與提醒：**

- 如果你是女生：你的身體最近可能有貧血的現象，如遇到生理週期的症狀（經痛、經期排血過多等），你的心靈正需要展現更多青春活力。
- 如果你是男生：你的身體能量不足，缺乏精力，氣血不足，以及需要吃更多營養食品。你的心靈所需的就是休息充電。

紅石榴石的能量特性：

紅石榴石的紅色，代表血液，亦即象徵生命力。其主要功用是啟動海底輪的生命力，繼而滋養丹田輪的軟弱。具有活化子宮與卵巢的女性能量，以及激活攝護腺和生殖器的男性能量。活絡血氣，展現青春活力，又有「回春寶石」之稱號。

接收水晶寶石光能療癒：

手持紅石榴石牌卡，並張開眼睛接受圖片中紅石榴寶石的光芒頻率，感受你的肉體與內心都得到充電。心中默想「我接受我自己，我愛我的身體，我的心永遠都是年輕的！我充滿生命力與創造力，我很滿足！我的身心同時能量滿滿。」

三方晶系 Trigonal 指向・前進・動力
星光紅寶
Star Ruby
你終於可以落實執行你生命的最高目標
允許自己發光發亮 成就你的計劃和夢想
你需要欣然開放 接受貴人的協助
8

所對應的脈輪：

- ① 海底輪——生命力、性能量、與大地的連結
- ② 丹田輪——最真實的情感、慾望
- ③ 太陽神經叢輪——自我價值、勇氣、力量
- ⑦ 頂輪——靈性能量出入口、生命的最高目標、與宇宙的連結

宇宙元素：火——熱情、動力、更積極投入

晶體結構：三方晶系 Trigonal——指向・前進・動力

◆ **牌義說明：**

恭喜你！你累積已久的努力，終於來到收成的時候。

一直以來，你緩慢地、非常穩定地朝著你的目標向上發展，你投注並累積了寶貴的生命經驗，接下來就是你發光發熱的時候了。

允許你自己發光發亮，並擁有你所需的權力，這些都是為了成就屬於你更高的計劃和夢想。

另外，在這個時刻，你需要一些良好的人際關係（即貴人），去協助你踏上舞台，所以請你務必欣然接受身邊的貴人協助，好好落實執行你的夢想。

◆ **星光紅寶的能量特性：**

自古以來，紅寶石就是皇室成員所愛的寶石，代表尊貴與財富，同時也代表權力。

紅寶石的硬度為9（最高是10），僅次於鑽石，是地球上最硬的礦石之一，所以紅寶石又稱為「剛玉」。從18世紀開始人類就已經利用紅寶石來製作鐘錶的軸承，由於硬度強，足以降低鐘錶運轉時產生的摩擦和損傷。硬是因為它的構成是非常緩慢地堆疊成長，所以相對密度很高，也讓它的能量非常地穩定。這樣的穩定能量，加上鉻含量所產生的美麗紅色（大地之母的色彩），讓紅寶石成為吸引物資豐盛的寶石。

然而，如果紅寶石裡面含有大量金紅石（二氧化鈦，鈦金內含物）包裹體，在聚光燈照射下，垂直光軸的平面內會呈現出絕對的一百二十度交角，構成三組不同的包裹體方向，在打磨為弧形的紅寶石頂部就會出現六道星光，故稱星光紅寶石。

金紅石（二氧化鈦，鈦金內含物）代表力量與財富、紅寶石代表在地球上的權力與經驗的累積、星光代表展現你的本質，走上你的巔峰。全部的總和就是尊貴穩重的力量。

◆接收水晶寶石光能療癒：

觀看著星光紅寶牌卡上所散發出的光芒，感受那份豐盛的力量，並告訴自己：「我允許自己發光發亮，並擁有我所需的影響力，這都是為了成就我更高的計劃和夢想，讓我與身邊的人同樣受惠。」

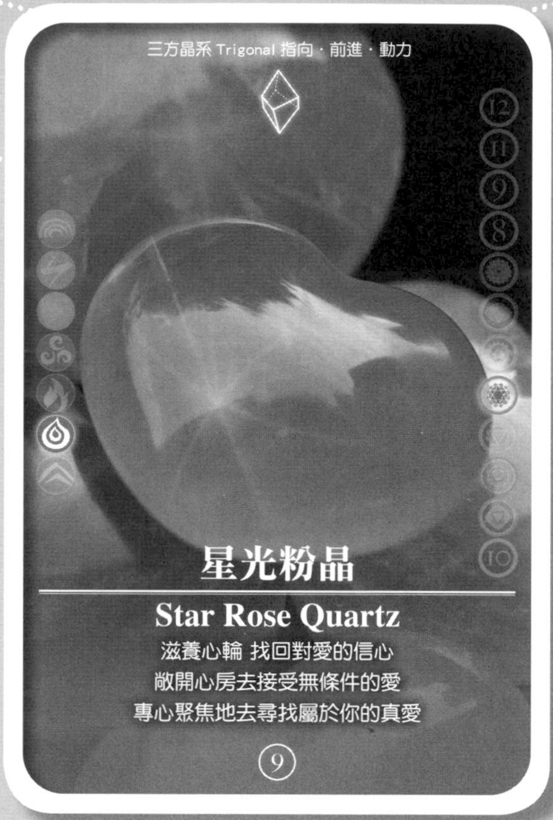
三方晶系 Trigonal 指向．前進．動力
星光粉晶
Star Rose Quartz
滋養心輪 找回對愛的信心
敞開心房去接受無條件的愛
專心聚焦地去尋找屬於你的真愛
9

所對應的脈輪：

④ 心輪——給予愛與接受愛的能力、內心的信任

宇宙元素：水——流動、淨化、轉化、融合的狀態

晶體結構：三方晶系 Trigonal——指向．前進．動力

◆ **牌義說明：**

也許你曾經因為愛而受傷，也許你的心因為得不到愛的養分，而變得冷漠、孤單、害怕與不信任，以致你沒辦法對愛承諾。

這張牌卡告訴你要重新輸入愛自己的程式，再次拿回給予愛和接受愛的能力：

一、練習放開自己，去接受別人的幫助與關懷，敞開心房去接受無條件的愛，了解當你接受禮物時不代表你是弱者，反之，你將感受到被愛與尊重的感覺。

二、不要因為害怕失去或覺得自己不值得，而拒絕進入親密關係，你是有能力專心聚焦地去尋找屬於你的真愛。

◆ **補充建議與提醒：**

• 也許現正就是時候去學習愛自己多一點了，因為當你懂得愛自己的時候，你才會真正懂得愛別人。

- 試著用嶄新的態度欣賞自己、原諒自己，全然地接受自己，認真地去規劃怎樣去真正愛自己。
- 請你相信生命中真的有可能遇到如天使般能量之愛無條件地送給你。
- 信任自己是值得被愛的。
- 停止去做一些傷害自己與他人的感情遊戲。
- 拿起對愛的尊重與責任。

◆星光粉晶的能量特性：

粉晶在水晶寶石界一直以來都是擔當關於愛的重要任務，透明粉紅晶體質感圓潤的特性，給人一種安撫心輪的療癒能量。

星光粉晶的構成是因為當粉晶內部具有大量金紅石（二氧化鈦，鈦金內含物）包裹體，在聚光燈照射下，垂直光軸的平面內會呈現出一百二十度交角，構成三組不同的包裹體方向，在打磨為弧形的粉晶頂部就會出現六道星光，故稱星光粉晶。

若美麗溫柔的粉晶，遇上強而有力的金紅石（二氧化鈦，鈦金內含物）時，愛會變得「強硬起來」，不再只是想像中的愛情童話，而是把愛落實執行的真實故事。

◆接收水晶寶石光能療癒：

現在就請你去感受星光粉晶的光能頻率之愛，正化作透澈溫柔和暖的粉紅星光，緩慢優雅地進入你的心輪。你的心正被滋養、安撫、療癒了。

回到你的內在，重新輸入愛自己的程式，不再重複做傷害自己身體與感情的事，同時不再允許任何人傷害你；尊重你的心所想的，看清楚你真正需要什麼？你已經擁有什麼？

試著用另一種完全嶄新的態度去迎接自己、欣賞自己、原諒自己，全然地接受自己，並勇敢去愛！

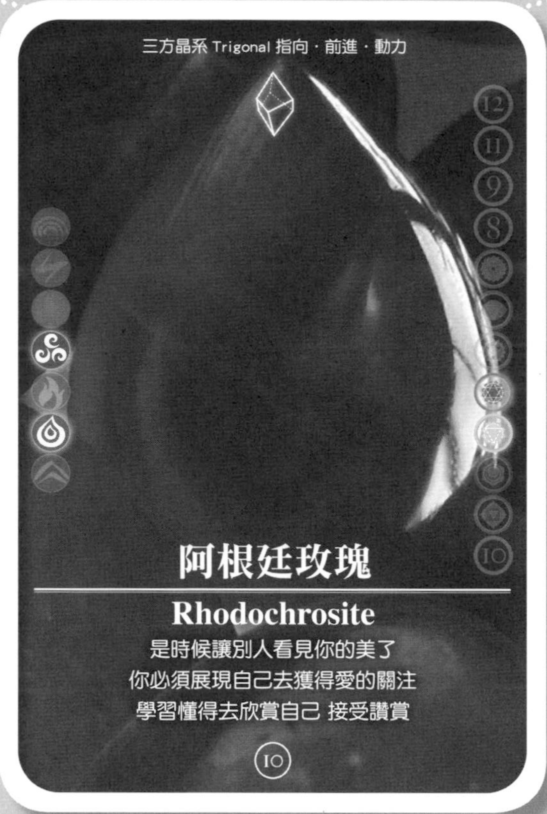
三方晶系 Trigonal 指向・前進・動力
阿根廷玫瑰
Rhodochrosite
是時候讓別人看見你的美了
你必須展現自己去獲得愛的關注
學習懂得去欣賞自己 接受讚賞
10

所對應的脈輪：

③ 太陽神經叢輪——自我價值、勇氣、力量

④ 心輪——給予愛與接受愛的能力、內心的信任

宇宙元素：

水——流動、淨化、轉化、融合的狀態

風——吹散、變動、擴展、放下、鬆開

晶體結構：三方晶系 Trigonal——指向・前進・動力

◆ **牌義說明：**

是的！你是時候讓別人看見你的美了。可能是因為對自己沒有信心，也可能是因為天性就是比較害羞內向，或處世態度有點嚴肅……不管如何，你可以試著學習像玫瑰一樣慢慢地展開花苞，綻放你本來就有的美麗和魅力。你必須展現自己去獲得「愛的關注」，因為這是你應得的，你想要的。

當別人讚美你的時候，試著全然地、肯定地去接受，懂得欣賞與疼愛自己，你將會發現有意外的收穫。

◆ **補充建議與提醒：**

要從一個內向害羞低調的人，改變成展現自己是一件不容易的事，所以你可以慢慢地一步步來，先從簡單的外在生活習慣開始，如把自己打扮得漂漂亮亮，改變一下你的髮型，買新的衣服。接下來再展現你的「內在美」，去表達自己的想法，跟你信任的朋友家人展現自己的才華、分享你獨到的心得……。

◆ **阿根廷玫瑰石／菱錳礦的能量特性：**

阿根廷玫瑰石的學名為菱錳礦，顏色從一般容易看得到的不透明粉紅色層狀，到稀有寶石級透明橙紅色，它是阿根廷的國寶石。阿根廷玫瑰石和諧地融合粉紅色（心輪的愛）與橘黃色（太陽神經叢輪的行動力）形成一種美麗鮮豔的橙紅色，能提供一個特殊的效用：溫和有力地撫慰身體與情緒的焦慮與壓力，增強自我肯定，讓你更懂得欣賞與疼愛自己。

當佩戴寶石級的冰種菱錳礦時，因為它清透迷人的光譜震動，會奇妙地吸引眾人對你產生一份迷人的親切感，故俗稱「人見人愛」的特殊寶石。

極受尋找真愛的單身人士（尤其想談戀愛但又不敢展現的人）、公關、治療師、商人、演講師的歡迎。

◆ **接收水晶寶石光能療癒：**

邊欣賞「阿根廷玫瑰」牌卡，邊跟自己說：「我連結阿根廷玫瑰之光，我要讓別人看見我的美麗與才華，我要展現自己的魅力，接受外界對我的讚美與支持，我肯定我自己，我真的很棒！」（不用害羞喔！）

非晶質 Amorphous 調節・平衡
粉紅蛋白石
Pink Opal
找回你的童真 安撫你的內在小孩
增強女性能量 撫平心中的不平衡
放下只有自己的方法才是對的執著
II

所對應的脈輪：

④ 心輪——給予愛與接受愛的能力、內心的信任

宇宙元素：水——流動、淨化、轉化、融合的狀態

晶體結構：非晶質 Amorphous——調節・平衡

◆ **牌義說明：**

找回你的童真，去安撫你的內在小孩，撫平心中的不平衡，放下多餘的壓抑，並增強女性能量，好好的去照顧你曾經受傷的情緒，然後送一份禮物給你的內在小孩，可以是一句話、一個想像中的擁抱、一個吻……。

不要把自己的專業或擅長的事變成一種執著（專業傲慢），嘗試增加自己的思維彈性，對自己所熟悉做的工作，保持開放態度，讓更多可能性發生。

◆ **補充建議與提醒：**

如果成長過程中沒有獲得滿足的關愛與認同，長大後為了彌補這份不被認同感，而必須要緊握著自己熟悉的（專業）知識或專長，並執著地認為只有自己的方法才是唯一對的方法，最終導致一成不變，不與人溝通，而無法融入人群。

粉紅蛋白石的能量就是要我們像孩子一樣去玩，像孩子一樣沒有界限，那麼我們就有機會發現自己不知道的路徑，去創造更多可能性，並回到純粹的喜悅。

◆ 粉紅蛋白石的能量特性：

被譽為「天使的肌膚」的粉紅蛋白石，不透明、質地溫潤細膩，擁有溫暖慈悲的能量，主要效用在滋養你的內在小孩，撫平心中的不平衡，並讓你感到非常有「存在感」的愛，像天使送給你的關懷與體諒，這份愛沒有壓力、更不帶任何條件，是純粹的包容，以及讓你感到有種回家的安全感。

◆ 接收水晶寶石光能療癒：

感謝粉紅蛋白給予我的愛，滋養我的心，撫慰我心中的各種不平衡，但願如天使的肌膚粉紅色之光，協助我放下心中的壓抑，讓我的溫柔說服我的執著，開放我的心。我在愛裡面、我是受到祝福的。

三方晶系 Trigonal 指向・前進・動力
12
11
9
8
10
虎眼石
Tiger Eye
不用想太多 去做就對了
提升你的勇氣向前邁進
像老虎快速敏捷地撲向牠的獵物
12

所對應的脈輪：

③　太陽神經叢輪——自我價值、勇氣、力量

宇宙元素：火——熱情、動力、更積極投入

晶體結構：三方晶系 Trigonal——指向・前進・動力

◆牌義說明：

當你抽到這張牌卡的時候，就是要告訴你不要再想太多了，去做就對了！你要像老虎看到獵物一樣，非常快速敏捷地往前撲向咬住你的獵物。

提升你的勇氣並向前邁進，勇敢不代表你無懼，勇敢是要讓自己面對恐懼，然後作出對應的行動力。去吧！如果你想改變現狀，就不要想，直接衝出去就對了！

◆補充建議與提醒：

阻礙我們前進的往往都是因為恐懼，而諷刺的是最大的恐懼通常都是發生在行動之前。舉個例子：如果你不會游泳，當你站在游泳池邊緣的時候是最感到恐懼的，反而當你真的跳進水裡的時候，你卻沒有時間去怕，因為你會把所有專注力都放在游泳上，根本沒空去怕，你只會為了不讓自己溺水而盡力地游。

然而，當你不再跟水對抗而放鬆身體時，你的身體才會開始浮起來；不要跟你的恐懼對抗，放鬆自己去行動，就能從恐懼中浮起來了。

◆ 虎眼石的能量特性：

虎眼石在水晶寶石界中代表勇士精神，並擁有十足的執行力，有效率的把夢想落實，必要時為了達到目的而甘願冒險。虎眼石能夠有效地提升太陽神經叢的能量，增強你的自信及決策能力，非常適合過度猜疑、優柔寡斷，自信心不足，及缺乏主見的人配戴。

◆ 接收水晶寶石光能療癒：

現在就讓自己的能量變成虎眼石的頻率，勇敢、果斷、不動搖。並擁有十足的執行力。

你將感受到全身上下充滿了活力！現在就是我採取行動的時候了！

所對應的脈輪：

- ② 丹田輪——最真實的情感、慾望
- ③ 太陽神經叢輪——自我價值、勇氣、力量

宇宙元素：地——落實在實際層面

晶體結構：非晶質 Amorphous——調節・平衡

◆ **牌義說明：**

你抽到這張牌卡的原因，可能是因為你最近太忙、太衝動，或是你有點焦慮，心有不安等情緒……。不管怎樣，你可以放心，你是安全的。這張牌卡也提醒你要慢下來，只能一步一腳印地向前，絲毫不能急躁冒進，急於求成。一切的事情都會安然度過的。

◆ **補充建議與提醒：**

- 由於黃金琥珀是對應丹田輪與太陽神經叢，如果這兩個脈輪過度疲勞，就有可能出現腸胃或肝等毛病。
- 不管你的不安是來自於自己內在或外界邪氣，請你不用擔心，宇宙已經安排給你最適當的安神、辟邪的方法了，只是你可能沒有注意到而已。

黃金琥珀的能量特性：

黃金琥珀是數千萬年前的松柏樹緩慢流出的樹脂，埋在地底下數千年後，經過地球的壓力、高溫等化學作用，最後形成樹脂化石。自古以來，琥珀就是用來安神、收驚、辟邪、安撫焦慮情緒的寶石。當你受到驚嚇，焦慮不安等情緒時，你可以配戴或手握琥珀來增加更多安全感。

接收水晶寶石光能療癒：

觀看著黃金琥珀牌卡，感受牌卡給你的光和振動，這是一份強烈的安全感。

「現在，我正接受黃金琥珀之光，我是安全的！我的心被撫慰了，我相信一切都會安然度過，最終都會回到我的中心。」

三方晶系 Trigonal 指向・前進・動力
黃金碧璽
Golden Tourmaline
你可以的！去吧！
你已經擁有足夠的力量去實現你的夢想
帶著信心去完成你夢寐以求的目標吧
14

所對應的脈輪：

③ 太陽神經叢輪——自我價值、勇氣、力量

宇宙元素：

水——流動、淨化、轉化、融合的狀態

火——熱情、動力、更積極投入

晶體結構：三方晶系 Trigonal——指向・前進・動力

◆ **牌義說明：**

這張牌卡意謂著你已經擁有足夠的信心和力量，去達成目標了。脫離你的限制，在你身邊的人、事、物都已經為你帶來落實計劃的動力了。對你來說，這將是一個重要的神聖計劃，你的靈魂正迫切地需要更多肯定的力量，請允許宇宙來幫你實現你的夢想，你可以的！去吧！

◆ **補充建議與提醒：**

黃金碧璽之光同時代表超越時空，修復過去和前世的創傷，尤其療癒太陽神經叢輪的「破洞」，如自我肯定、工作、金錢、行動、名譽、勇氣等。

◆ **黃金碧璽的能量特性：**

碧璽家族是一個色彩繽紛的家族，它幾乎擁有所有的顏色，黑、紅、粉紅、橘、黃、綠、藍……，然而，黃金碧璽的顏色是特殊的，它不只是黃色，而是金黃色，金色代表太陽，生命力和宇宙神聖的力量。所以，黃金碧璽代表著神聖的太陽神經叢輪計劃，當黃金碧璽吸引你的目光時，你要站出來做「大事」了。黃金碧璽的光芒會送給你足夠的信心和力量，去達成你夢寐以求的目標，也許這個目標已經在很久很久以前就計劃好的，但遲遲未有具體進展，現在就是時候了。

◆ **接收水晶寶石光能療癒：**

看著黃金碧璽牌卡，觀想從黃金碧璽所散發出的金色之光，充滿自己整個身體，全身上下，由外至內，你感到無限的希望與光明，並對自己說：「我擁有足夠的信心和力量，去達成目標。我能夠放下過去的重擔，蛻變為落實未來計劃的動力。」

三方晶系 Trigonal 指向・前進・動力
黃金方解石
Golden Calcite
回到初心 了解你的靈性目標
前進落實你的生命計劃
拿回前世的天賦 創造今生的富足
15

所對應的脈輪：

③ 太陽神經叢輪——自我價值、勇氣、力量

⑦ 頂輪——靈性能量出入口、生命的最高目標、與宇宙的連結

宇宙元素：空——未顯化的宇宙意識，一切萬物的源頭，提供空間讓生命生長

晶體結構：三方晶系 Trigonal——指向・前進・動力

◆ **牌義說明：**

你是否正在對神祕力量感到好奇？渴望靈性上的提升？想更了解這個宇宙運作的意義？我是誰？我真正想要的是什麼？

這張牌卡提醒你要回到你的初心，了解你的靈性目標，才能落實你的生命計劃。現在就是時候提昇人性層次的「小我」至靈性層次的「高我」。

當靈魂了悟自己的最高目標後，你才能找到真正的動力前進。

◆ **補充建議與提醒：**

黃金方解石擁有回溯前世記憶的能力，也許你接下來的計劃，其實就是繼續過去沒完成的任務，加油！去拿回前世的天賦才華，來創造今生的富足。

◆黃金方解石的能量特性：

黃金方解石是屬於高頻能量振動的水晶，金黃色的光能夠將空間或脈輪中較低的能量提升至更靈性、更正面的效果，尤其對頂輪和太陽神經叢輪的幫助最大，可以將你的最高目標和夢想，化為實際行動。

此外，黃金方解石亦代表「財」。「貝」：古代的錢幣；「才」：才華。利用你的才華，去賺取豐盛的生活。

◆接收水晶寶石光能療癒：

現在請你去感受黃金方解石給予你的能量，金黃色的光充滿著你整個身體，觀想金黃色的光開始轉化你體內所有多餘的負面情緒和想法，並蛻變為你所需要的神聖力量，提昇你的小我到高我的層次，告訴自己：「我已經了解我的靈性目標，並準備落實我今生的生命計劃！」

我是光！我是光！我是光！

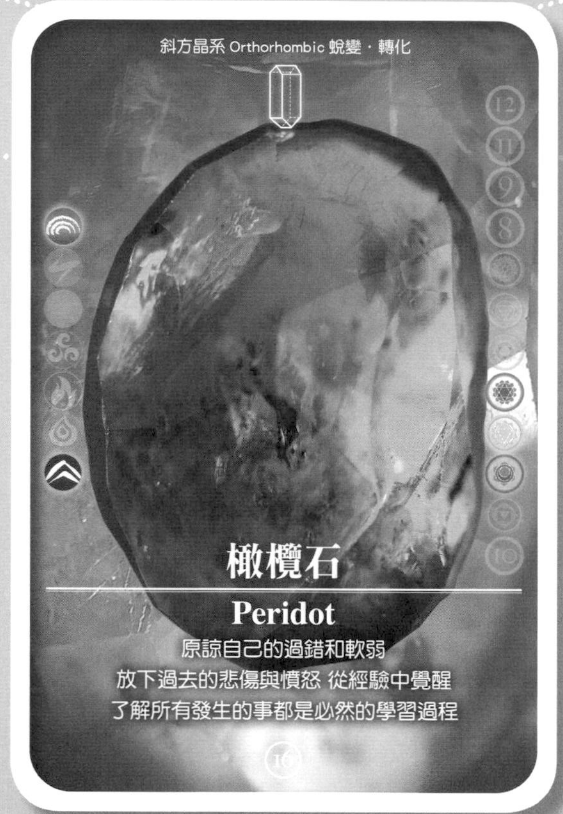
斜方晶系 Orthorhombic 蛻變・轉化
橄欖石
Peridot
原諒自己的過錯和軟弱
放下過去的悲傷與憤怒 從經驗中覺醒
了解所有發生的事都是必然的學習過程
16

所對應的脈輪：

② 丹田輪——最真實的情感、慾望
③ 太陽神經叢輪——自我價值、勇氣、力量
④ 心輪——給予愛與接受愛的能力、內心的信任

宇宙元素：

地——落實在實際層面
彩虹——希望、運氣、來自天上的祝福、把握瞬間契機

晶體結構：斜方晶系 Orthorhombic——蛻變・轉化

◆ **牌義說明：**

可能你會憶起不公平的待遇、委屈、壓抑而產生憤怒；可能你因為無法原諒自己的過錯而感到痛苦；可能你一直都告訴自己應該要放下，但卻一直放不下，你討厭自己軟弱、討厭自己沒有進步……這是一個漫長的放下過程，目的是要你從重覆發生的經驗中覺醒，了解所有發生的事情其實都是必然的，這一切都是一個學習的成長過程。現在你終於來到最後階段，可以放下了。你終於因為理解而放下了，你的功課做完了。

◆ **補充建議與提醒：**

橄欖石是屬於斜方晶系，擁有蛻變與轉化的力量，當你抽到這張牌卡，亦代表你已經進入蛻變與轉化的階段；而橄欖石的宇宙元素是彩虹和地，代表契機和在實際層面落實。

這就是告訴你要把握當下的契機，去為自己爭取蛻變與轉化的機會，學會以實際行動的方式來更愛自己。

◆ **橄欖石的能量特性：**

橄欖石除了擁有代表心輪的綠色之光外，也同時呈現代表太陽神經叢輪的黃光，和丹田輪的橘光，橄欖石的能量特性就是透過心輪的覺悟，而放下太陽神經叢和丹田輪的情緒不平衡。

橄欖石具有紓解肝臟火氣的功能，適合療癒長期有肝火、容易生氣、怨嘆不滿的情緒。

◆ **接收水晶寶石光能療癒：**

一手拿著牌卡，一手觸摸著自己的心輪，感受璀璨的綠色之光慢慢地進入你的心輪，並往下擴散到你的太陽神經叢和丹田輪，此時此刻，你感到從來都沒有過的輕鬆自在，你什麼都不用做，完全地放空自己，就只有寧靜與和平。一切都放下了。

三方晶系 Trigonal 指向・前進・動力
綠碧璽
Green Tourmaline
跟著你的心走 做自己喜歡的事
讓阻塞的心輪再度流動
去吸引豐盛的財富與人際關係
17

所對應的脈輪：

④ 心輪──給予愛與接受愛的能力、內心的信任

宇宙元素：水──流動、淨化、轉化、融合的狀態

晶體結構：三方晶系 Trigonal──指向・前進・動力

◆ **牌義說明：**

「請跟著你的心走！」是這張牌卡給你最重要的提醒。心是不能被說服的，只有頭腦（理智）可以，但記住頭腦只是幫助我們管理生活的僕人，心才是我們生命的主人。你應該跟隨你的心念去行動，讓阻塞的心輪再度流動，接下來，你將會吸引更多你想要的人、事、物來到你身邊。

◆ **補充建議與提醒：**

如果你目前（或一直以來）有金錢的問題，也許都是因為你正做著自己不喜歡的工作，以致無法發揮你的天賦，最後帶來財務的困境。去吧！跳出你的舒適圈，去尋找你真正喜歡的生活。

◆ **綠碧璽（綠色電氣石）的能量特性：**

綠碧璽又名綠色電氣石，所有電氣石家族的成員，都是屬於強效流動性能量的寶石，綠碧璽能夠提供有效的動能，幫助疏通心輪停滯的能量、活化細胞、提供生命力，吸引豐盛與繁榮，為工作和買賣帶來豐盛的人氣（貴人）與和諧的氣氛。

◆ **接收水晶寶石光能療癒：**

將牌卡放在桌上，雙手觸摸著心輪，深呼吸五至十次，重新開啟心輪愛自己的程式：「從現在開始，我會更愛我自己，我會更尊重我心所想的，做我真正想做的事。我會吸引豐盛的人際關係與財富。」

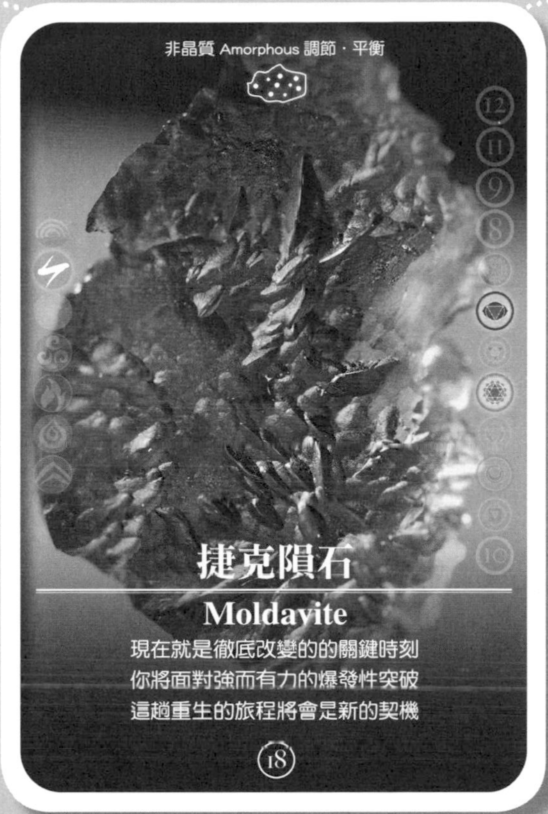
非晶質 Amorphous 調節・平衡
捷克隕石
Moldavite
現在就是徹底改變的的關鍵時刻
你將面對強而有力的爆發性突破
這趟重生的旅程將會是新的契機
18

所對應的脈輪：

④ 心輪——給予愛與接受愛的能力、內心的信任

⑥ 眉心輪——直覺力、洞察力、智慧

宇宙元素：雷電——強而有力的力量、不可忽略

晶體結構：非晶質 Amorphous——調節・平衡

◆**牌義說明：**

你不能再等待了，現在就是徹底改變的的關鍵時刻，你將面對強而有力的爆發性突破，使你不得不作出改變，不然會有被淘汰的危險；但請你記住，危機往往都是轉機，只要你能夠放掉所有束縛，奮力向前邁進，你將會重新擁有新的契機，並進入新的領域，這是一趟重生的旅程。

◆**補充建議與提醒：**

- 是的，可能你會產生恐懼和不安，因為這一切來得太快、太強烈了……但親愛的，不要怕！當你看到這張牌卡和這段文字時，就代表一切都非偶然，是存在要告訴你，祂會給予你足夠的勇氣和力量，去適應這個「來自外太空」的轉變。
- 此外，接下來的改變，有可能是結合兩種或以上的元素、媒介、領域等的關係。意思是你可能不是要完全放棄本來擁有的東西，而是結合新的思維、新的環境，或不同領域的人，來創造另一個世界。

◆捷克殞石的能量特性：

約一千五百萬年前，來自外太空的一顆隕石墜落到地球表面，巨大的撞擊力，再加上飛行中的燃燒熔損，瞬間成為熔化飛濺的玻璃狀隕石，後來在一七八七年捷克的摩達維河（Moldavite）被人發現，故取名為捷克殞石。

這顆來自外太空的隕石具有強大的爆發性力量，就如它的生長因子般，能夠瞬間給予你強而有力的改變力量，加速更新的速度。

同時培養超感應力，開發靈性敏感度、喚醒天賦才華，以嶄新的角度看待世界。

◆ **接收水晶寶石光能療癒：**

左手中指的指腹摸著眉心輪，右手掌心摸著心輪，感受捷克殞石的墨綠色之光緩緩地進入你的眉心輪和心輪，跟自己說：「出發了，我將邁向一趟新的旅程，我打開新的視野去尋找不一樣的未來。我相信宇宙會引導我往驚喜的未知前進，我將會是一個全新的我，一個更完整的我。」

綠色寶石系列

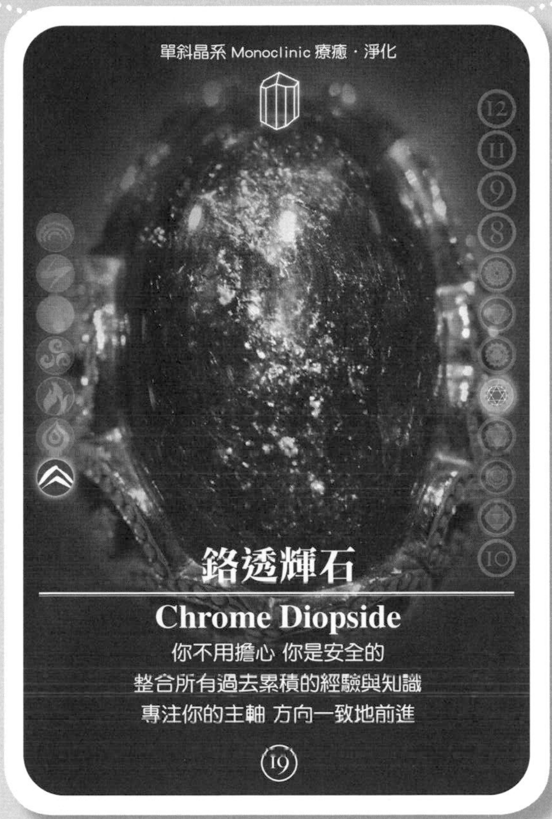
單斜晶系 Monoclinic 療癒・淨化
鉻透輝石
Chrome Diopside
你不用擔心 你是安全的
整合所有過去累積的經驗與知識
專注你的主軸 方向一致地前進
19

所對應的脈輪：

④ 心輪——給予愛與接受愛的能力、內心的信任

宇宙元素：地——落實在實際層面

晶體結構：單斜晶系 Monoclinic——療癒・淨化

◆ **牌義說明：**

保持專注於你的意圖和目標，整合所有過去累積的經驗與知識，去創造屬於你的世界。

記住，你必須要回到自己內在的中心點，不能東找西找，你要找到你的主軸，方向一致地前進，那麼你才能成功。

◆ **補充建議與提醒：**

如果你正面臨生命中的更新、進修學習、轉職，甚至要到一處陌生的地方……不用擔心！你是安全的，你會被守護著，請保持正面的態度和想法，因為這一切都是為了讓你的生命更完整。

◆ **鉻透輝石的能量特性：**

鉻透輝石就像一粒「定心丸」，當你遇到心神不定、猶豫不決，或需要更多安全感來面對轉變時，它都能給予你最大的安全感和穩定的愛。

鉻透輝石能夠讓心輪充電、使人更懂得接受愛，並整合所有脈輪系統，將人性與靈性融匯在一起。

鉻透輝石同時是連結大地之母蓋亞的力量，當你在陌生的戶外環境感到害怕，或在荒野進行薩滿活動時，鉻透輝石都能夠給予你連結大地之母的守護，讓你感到安心受保護的感覺。

◆ **接收水晶寶石光能療癒：**

看著鉻透輝石所發出來的深邃的綠色光彩……我是安全的！我的心穩定下來了。

我正被鉻透輝石的能量療癒，我的心輪充滿力量，我學會更懂得接受愛、我整合我所有脈輪，我的人性與靈性融匯在一起。

單斜晶系 Monoclinic 療癒・淨化
12
11
9
8
10
綠龍晶
Seraphinite
承認你需要被撫慰吧！
放下你的自我 臣服於宇宙
讓熾天使燃燒殆盡你的淚水和苦悶
20

所對應的脈輪：

④ 心輪——給予愛與接受愛的能力、內心的信任

宇宙元素：火——熱情、動力、更積極投入

晶體結構：單斜晶系 Monoclinic——療癒・淨化

◆ **牌義說明：**

承認你需要被撫慰吧！

不用擔心！上帝已經差遣等級最高的大天使——「熾天使」來協助你，給予你無限的關懷與溫暖，把隱藏在心裡面的悲傷、不安、寂寞、痛苦等情緒，完全地燃燒，再成為新的養分去滋養你的心輪。

◆ **補充建議與提醒：**

所謂天使的關懷，即代表非人類的愛，也許現在的你需要放下你的自我，臣服於宇宙無限的人愛，「借助神力」來超越目前的狀態。

◆ **綠龍晶的能量特性：**

來自俄羅斯的綠龍晶（Seraphinite）的字源Seraph，是來自《舊約聖經》《以賽亞書》第六章所記載的「熾天使」，祂是神的使者中最高位者，最為了解上帝的慈愛，而且療癒力量驚人。

綠龍晶的能量就如同熾天使張開神聖的翅膀，狠狠地掃走你心裡面所有阻塞，協助你的心輪重新煥發出愛的光芒。

◆ **接收水晶寶石光能療癒：**

將牌卡放在桌上，雙手交叉摸著自己的肩膀上，看著牌卡上綠龍晶寶石所散發出的光芒，觀想熾天使的翅膀擁抱著你、撫慰著你，瞬間充滿莫大的安全感。

接下來，雙手從肩膀開始緩慢地移動至心輪，想像「綠色的火焰」正燃燒你心中的所有負面能量，直至感到清理乾淨。

單斜晶系 Monoclinic 療癒・淨化
12
11
9
8
孔雀石
Malachite
是時候化解隱藏已久的情緒印記了
釋放所有不必要的負面記憶
讓這一切都真的過去了
21

所對應的脈輪：

④ 心輪——給予愛與接受愛的能力、內心的信任

宇宙元素：火——熱情、動力、更積極投入

晶體結構：單斜晶系 Monoclinic——療癒・淨化

◆**牌義說明：**

是時候可以整理一下隱藏已久的情緒垃圾，你已經準備好放下這些不必要的負面印記了。一些很久以前的往事再度湧上心頭，你不必去批判它，你只需要去看著它、接受它，再慢慢融化它……最後你會發現，其實這一切都已經過去了。

◆**補充建議與提醒：**

如果你常常感到容易被冒犯，別人無心的一句話，就很容易會傷害到你，這就是因為隱藏的傷痕還沒有被癒合的原因。

◆**孔雀石的能量特性：**

孔雀石又名「情緒清道夫」，它很溫柔體貼地把你隱藏已久的情緒，在你可以接受的範圍內慢慢浮現出來，然後再把這個原本尖硬難受的負面印記擴散消融。

◆ **接收水晶寶石光能療癒：**

看著這張孔雀石牌卡：「我可以放下隱藏在我心底裡的情緒印記，我釋放所有不必要的負面記憶。感謝孔雀石之光，現在，我感覺我的心是乾淨無染的、是輕鬆自在的。」

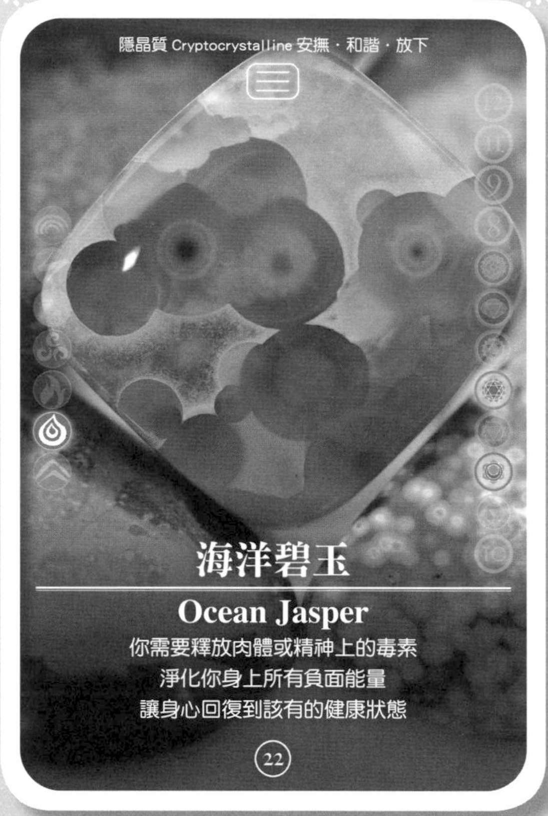
隱晶質 Cryptocrystalline 安撫・和諧・放下
海洋碧玉
Ocean Jasper
你需要釋放肉體或精神上的毒素
淨化你身上所有負面能量
讓身心回復到該有的健康狀態
22

所對應的脈輪：

② 丹田輪——最真實的情感、慾望

④ 心輪——給予愛與接受愛的能力、內心的信任

宇宙元素：水——流動、淨化、轉化、融合的狀態

晶體結構：隱晶質 Cryptocrystalline——安撫・和諧・放下

◆**牌義說明：**

最近是否會覺得身心俱疲？感到能量不足？或有點悶悶不樂的感覺？那麼你可能需要釋放肉體或精神上的毒素了，不管是從飲食上的調整，又或是心情上的排毒，甚至到大自然接接地氣吸收更多負離子，以上都需要你認真去執行喔！

◆**補充建議與提醒：**

由於海洋碧玉是跟海洋的能量有關，所以建議你可以找機會親近大海。廣闊的海洋力量，具有包容、寬恕的特性。慈愛的大海會給你最大的慰藉，紓解許多不必要的緊張和情緒毒素。

◆**海洋碧玉的能量特性：**

來自馬達加斯加的海洋碧玉，每顆都包含著不一樣的海洋礦物元素，令它擁有各種的不同特殊色彩。當你有機會握著一顆海洋碧玉的時候，就會好像被整個大海所充滿包容，非常療癒。

海洋碧玉有很大的安撫作用，非常適合身心感到疲累時使用。除此之外，它亦可以讓淚水比較容易流出來，對於想哭但哭不出來的人來說，確是不錯的催淚寶石。

◆ **接收水晶寶石光能療癒：**

想像你已經被海洋碧玉能量淹沒了……

你被大海包圍著，一切多餘的毒素都被淨化了。

身體回到該有的健康，心回到和諧的原點，頭腦回到清明的狀態。

我被療癒了。

隱晶質 Cryptocrystalline 安撫・和諧・放下
澳洲玉
Chrysoprase
你的心已經累了
讓身體鬆開 讓頭腦停止
好好休息一下後再出發吧
23

所對應的脈輪：

④ 心輪——給予愛與接受愛的能力、內心的信任

宇宙元素：水——流動、淨化、轉化、融合的狀態

晶體結構：隱晶質 Cryptocrystalline——安撫・和諧・放下

◆ **牌義說明：**

你的心已經累了，也許你可以先暫停繁瑣的工作，放下辛勞，收回你的警覺，停止任何的努力。

讓身體鬆開，讓頭腦停止，讓心從外在回到你的內在，好好休息一下後再出發吧！

當疲倦的身軀，及飽受壓力的腦袋，能夠進入一個較深層的放鬆狀態時，身心疾病就有機會藉此獲得改善，繼而體驗寧靜的智慧，那麼工作的效應可能變得更好呢！

◆ **補充建議與提醒：**

被澳洲玉的能量吸引的朋友，一般都是在職場上的女強人，完美主義者，在各個面向都要做到極致無暇，經常因為需要計劃未來而「用腦過度」，導致頭痛、焦慮、過度活躍等症狀，所以既強大又溫順的翠綠色澳洲玉之光，正好是她們目前所需要的力量。

◆澳洲玉寶石的能量特性：

盛產於澳大利亞的澳洲玉又名綠玉髓，是玉髓家族的成員之一，不過由於澳洲玉的美麗翠綠色澤，使它成為眾多玉髓中最受青睞、價值也最高的。

澳洲玉的能量就如一顆少女心，能夠有效地安撫疲累的心，尤其經常用腦思考過度、需要在高壓下進行策劃工作、或馬不停蹄的前進目標等的人，都非常適合接受澳洲玉那「青春之泉」來平衡身心的能量，因為澳洲玉柔和翠綠色的光譜，具有穩定心神、緩和焦躁，還可以安撫內心沒有由來的孤獨感。

◆接收水晶寶石光能療癒：

先閉上眼睛，舒服的放鬆坐著，緩緩地深呼吸10次。

慢慢地張開眼睛，開始專注地凝視牌卡上澳洲玉的翠綠色之光，吸氣時想像你把這柔和撫慰人心的能量吸進來，吐氣時把所有多餘的疲累放下來。

感受綠翠之光充滿我整個身體，由外至內都被療癒了，我終於可以休息了。感謝自己為生活的努力和付出。

單斜晶系 Monoclinic 療癒・淨化
12
11
9
8
10
馬雅翡翠
Mayan Jadeite
祈請更高的存在守護你
回到大地之母的慈愛中
拿回薩滿古文明的力量
24

所對應的脈輪：

④ 心輪──給予愛與接受愛的能力、內心的信任

⑦ 頂輪──靈性能量出入口、生命的最高目標、與宇宙的連結

宇宙元素：地──落實在實際層面

晶體結構：單斜晶系 Monoclinic──療癒・淨化

◆ **牌義說明：**

你可能最近有點心神不寧、神經過敏、焦慮，或希望得到更好的安全感？那麼你可以祈請大地之母（Pacamama），或你所信任的天使、菩薩、高靈等更高的存在，為你去除身上邪氣，給予你守護的力量。

◆ **補充建議與提醒：**

但如果你沒有以上症狀的話，也許馬雅古文明的力量正召喚你，你的靈魂已經準備好拿回過去世的薩滿智慧了，你將再次記得你自己，並再度重回大地之母的懷抱裡。

◆ **馬雅翡翠的能量特性：**

玉石大致分為軟玉與硬玉兩大類，前者的能量為溫潤柔和；後者則具有強烈、保護、不可侵犯的特性。硬玉又稱為翡翠，自古以來，翡翠在古代的王朝就是用來避邪、趨吉避凶、安撫人心之作用。

馬雅翡翠來自中美洲地區，帶有馬雅古文明的頻率，能夠守護靈魂（不只是肉體），不受外靈入侵、讓身體氣場保持強大、穩定地渡過死後的世界。

當你有機會遇上馬雅翡翠，即代表你正拿回你本來就有的前世薩滿力量，並回到大地之母的慈愛中。

接收水晶寶石光能療癒：

請你先找一個戶外的地方坐下來，在大自然的環境是最好的（如果真的不方便的話，就盡量靠近窗邊或坐在陽台上）。

邊看著馬雅翡翠的牌卡，邊誠心祈請大地之母，或你所信任的天使、菩薩、高靈等更高的存在，為你帶來深深的療癒，淨化身上的負面能量和邪氣，給予自己足夠的守護力量。

現在我拿回我的薩滿力量，我感受到無限的愛和力量充滿著我。

三方晶系 Trigonal 指向・前進・動力
帕拉依巴藍碧璽
Paraiba Tourmaline
聆聽你的第六感 相信你的直覺力
不要忽略你所收到的高頻訊息
信任你的高我去完成不可能的任務
25

所對應的脈輪：

⑥　眉心輪——直覺力、洞察力、智慧

宇宙元素：水——流動、淨化、轉化、融合的狀態

晶體結構：三方晶系 Trigonal——指向・前進・動力

◆ **牌義說明：**

無論是突如其來的靈感，或莫名其妙的想法，請你不要忽略它，你要相信你的直覺力，宇宙正在用無法理智性解釋的方式，去向你顯現生命的奧祕，跟著你所收到的「訊息」完成目前的任務。

◆ **補充建議與提醒：**

如果你是從事療癒工作的光行者，你可能會接收到很多看起來超越自己能力範圍內的工作，不用擔心，這些都是因為你越來越進化到與高我合作的階段，信任那個真正的你——高我，祂會協助你在個案療癒中所遇到的問題。

◆ **藍碧璽的能量特性：**

碧藍色中卻帶有螢光綠的藍色碧璽，又名帕拉依巴藍碧璽，同樣是流動性能量十足的電氣石家族，藍碧璽同時擁有讓人類大腦思維清晰與超凡入聖的力量，能夠下載神聖療癒能力，幫助人們開發靈通力，增強第六感的敏感度，並協助你進行能量療癒服務，是專業療癒師和心靈老師的智慧寶石。

◆接收水晶寶石光能療癒：

感受藍碧璽送給你璀燦的藍綠色之光，專注在你的眉心輪正慢慢被打開開關的門，我不只是這個世俗的身軀，我是神聖的靈魂，我連結我的高我，並下載我所需要的神聖療癒力，我結合思維清晰的頭腦和由心出發的直覺力，有意識地以光和愛去服務自己與他人。

三斜晶系 Triclinic 揚昇・成長・開創視野
12
11
9
8
10
土耳其石
Turquoise
療癒靈魂過去的創傷
以天空開闊般的視野去了悟生命
體驗天人合一的境界
26

所對應的脈輪：

⑥ 眉心輪——直覺力、洞察力、智慧

⑦ 頂輪——靈性能量出入口、生命的最高目標、與宇宙的連結

宇宙元素：

彩虹——希望、運氣、來自天上的祝福、把握瞬間契機

雷電——強而有力的力量、不可忽略

晶體結構：三斜晶系 Triclinic——揚昇・成長・開創視野

◆ **牌義說明：**

當你抽到這張牌卡的時候，代表你希望能夠有更開闊的視野去瞭解自己，你的生命正走到體驗「天人合一」的階段了，最近可能出現一些關於生死的議題，有關緣分或因果關係的人、事、物會圍繞著你。你可能會出現納悶和不安的情緒，但另一方面你又很期待想知道更多關於靈魂世界的知識，甚至你越來越發現我與世界萬物本來就是一體的，我很微小又很巨大、既是消失，又無所不在的感覺充滿著你，強烈到必須正視這種狀態，你會問自己是否應該好好「修行」呢？

◆ **補充建議與提醒：**

如果你正處於有關過去（包括前世）的創傷，或懷疑自己受到外界能量干擾，常常出現負面的想法等，其實這一切都是你的「心魔」所吸引來的頻率。請你必須從恐懼和抗拒的心態，改變為慈悲、包容、放下的方向，因為這都是你種的「因」而產生的「果」，試著去接受、原諒、感謝，最後放下這一切。

◆土耳其石的能量特性：

土耳其石是最古老的聖石，從美洲的薩滿巫士、喜馬拉雅山的西藏喇嘛，到埃及法老王的棺墓等，都會出現土耳其石。

土耳其石代表「天空」，讓你能以更高更開闊的視野去思考，了悟生命的智慧。

土耳其石亦是力量強大的守護聖石，如古墓守護石——聖甲蟲，能夠避邪去魔，了悟生死，處理因果業力，協助靈魂轉世時能順利渡過。

◆接收水晶寶石光能療癒：

看著土耳其石牌卡，觀想你是「天空」，你變得開闊自在，當下，一切都不重要了。

不用越來越好，因為沒有好與壞；
不用越來越快樂，因為我們可以超越快樂與不快樂；
我們不是要充滿愛，我們就是愛；
不只是與神靠近，而是成為神性，成為一。
回到宇宙萬物之中，我是天空、我是天空、我天人合一。

藍綠色寶石系列

三斜晶系 Triclinic 揚昇・成長・開創視野
天河石
Amazonite
讓凋謝的心再次萌芽
讓你的話語 成為滋養別人的甘露
培養更多包容和寬恕 善待自己與他人
27

所對應的脈輪：

④　心輪──給予愛與接受愛的能力、內心的信任

⑤　喉輪──誠實表達自我、溝通、個人意志的顯現

＊上心輪（位置在心輪與喉輪之間）──愛的表達

宇宙元素：水──流動、淨化、轉化、融合的狀態

晶體結構：三斜晶系 Triclinic──揚昇・成長・開創視野

◆ **牌義說明：**

這張牌卡告訴你要放寬你的心，去包容更多的生命體、培養更大的同理心和寬恕，去善待自己與他人。

好好的滋養你的心輪，讓凋謝的心再次萌芽。

練習把心裡面的話，用愛的方式表達出來。

◆ **補充建議與提醒：**

抽到這張牌卡的人有兩個面相：一、無法表達自己的人，二、愛亂說話，口無遮攔的人。

無論你是那一類人，嘗試先把內心深處的真實情感，慢慢地從心輪移動到上心輪（上胸位置，是關於愛的表達的能量中心），先等一陣子，感覺可以把話加上愛的力量時，才再緩緩上升至喉輪，然後帶著真誠與愛把話表達出來。

嘗試這個練習至少21天，你的話語將慢慢成為滋養別人的甘露。

◆天河石的能量特性：

天河石的英文名字為Amazonite，意思源自亞馬遜河，所以說天河石的能量特性，就如這條世界流量最大的河流，亞馬遜河流域孕育大量的動植物，她包容滋養萬物，她是地球的心臟、是大地之母的呼吸系統。

當你覺得緊張心煩的時候，天河石會送給你有溫度的陪伴。

當你無法正確表達自己內心的想法時，天河石會循循善誘地讓你能好好地說出來。

◆接收水晶寶石光能療癒：

放鬆地姿態坐著，慢慢地深呼吸五至十次。

看著天河石牌卡，感受你被包容滋養的能量充滿整個身體。

你的心輪、上心輪、喉輪都充滿著天河石那藍綠色的光能頻率，你的心被滋潤了，你的話語變得有愛與力量。

你凋謝的心再次萌芽了。

三方晶系 Trigonal 指向・前進・動力
12
11
9
8
10
鷹眼石
Hawk's Eye
停止盲目追尋
拉開高度看清楚事情的全貌
專注完成你最優先的目標計劃
28

所對應的脈輪：

③ 太陽神經叢輪——自我價值、勇氣、力量

⑥ 眉心輪——直覺力、洞察力、智慧

宇宙元素：

地——落實在實際層面

火——熱情、動力、更積極投入

風——吹散、變動、擴展、放下、鬆開

晶體結構：三方晶系 Trigonal——指向・前進・動力

牌義說明：

這張牌卡告訴你要像鷹一樣以更高的視野去觀察現況，處理事情時不要太「靠近」而只看到表面，要拉開高度看清楚整個事件的全貌。當目標清晰後，你就可以專注而精準地（俗稱快狠準）來完成目標計劃，像老鷹抓小雞的道理，先看準獵物，再肯定自己的能力，最後果斷地行動。

補充建議與提醒：

就算現在你有很多計劃、夢想與各式各樣的點了，但你也必須有「優先順序」的概念，先把專注力放在優先要完成的事情上，找到適合自己的節奏和速度，在自己能力範圍內，按步就班去一一完成任務，否則你只會「瞎忙」而什麼都做不好。

鷹眼石的能量特性：

鷹眼石其實是屬於虎眼石家族，因為生長環境與所含微量元素的差異，演變出顏色的差異，而鷹眼石那獨有的藍灰色，奇幻閃爍，就像一隻明亮清澈的老鷹眼睛，故被命名為鷹眼石。

鷹眼石的特性就如傳說中老鷹的智慧一樣——迅速、力量、勇氣、智慧，擁有敏銳的觀察力，用全面性的視野去評估目標，從而作出最正確的判斷與行動，所以鷹眼石可以同時啟動太陽神經叢輪（行動力）與眉心輪（覺察力）。

接收水晶寶石光能療癒：

請把鷹眼石之光牌卡放在桌上，然後左手觸摸眉心輪（眉心），右手觸摸太陽神經叢輪（肚臍上方）位置，眼睛看著鷹眼石之光牌卡。心裡跟自己說：「我要像鷹一樣的力量、勇氣、智慧，以敏銳的觀察力，全面性的視野去看到目標，停止盲目追尋，拉開高度看清楚事情的全貌，從而作出最正確的判斷與行動。感謝鷹眼石之光。」

藍色寶石系列

六方晶系 Hexagonal 擴展・超越
海水藍寶
Aquamarine
從頭腦理智改為由心出發的說話方式
啟動你的喉輪去表達你內在的想法
把你認為正確的真理讓對方知道
29

所對應的脈輪：

⑤ 喉輪——誠實表達自我、溝通、個人意志的顯現

宇宙元素：水——流動、淨化、轉化、融合的狀態

晶體結構：六方晶系 Hexagonal——擴展・超越

牌義説明：

不用害怕你所説的話別人會不接納或不明白。現在就是時候去啟動你的喉輪，以言語去充分表達自己內心的想法，把你認為正確的真理讓對方知道。

記住，你必須把從頭腦理智説出來的話，改變為從「心」出發的説話的方式。

補充建議與提醒：

如果你發現自己很多時候都沒有耐性表達意見（如主管對下屬、夫妻之間，或家長與孩子），尤其當你覺得別人都很笨、聽不懂、惡習難改等……建議你可以改變你表達意見的態度，將原來只顧著別人非得聽你的意見不可，改變為更多的同理心，從對方的立場而提出建議。

◆ **海水藍寶的能量特性：**

海水藍寶有著如海水般的淡藍光束，是眾多寶石中最有效啟動喉輪的。它能夠有效地改善你的溝通能力，增強真實表達自己的力量。海水藍寶能夠讓你消除自我表達時的恐懼和壓力，適合面試、演講時配戴。

◆ **接收水晶寶石光能療癒：**

觀看著海水藍寶牌卡，專注在你的喉輪上，想像淡雅的海水藍光漸漸地融入你的喉輪，再擴散至心輪，你已經被淺藍色之光所充滿，現在你已經能夠以言語去充分表達自己內心的想法，把你認為正確的真理讓對方知道了。

單斜晶系 Monoclinic 療癒．淨化
藍光月光石
Blue Light Moonstone
愛你的月亮 只要一點點光就足夠
不必成為別人眼中的太陽
讓溫柔成為你的力量
30

所對應的脈輪：

⑥ 眉心輪——直覺力、洞察力、智慧

⑦ 頂輪——靈性能量出入口、生命的最高目標、與宇宙的連結

宇宙元素：

水——流動、淨化、轉化、融合的狀態

風——吹散、變動、擴展、放下、鬆開

晶體結構：單斜晶系 Monoclinic——療癒．淨化

◆牌義說明：

這張牌卡是要告訴你不要試圖成為別人，不要成為別人眼中的太陽；只要做好你自己就可以了，愛你獨有的溫柔力量，愛你的月亮，甚至要愛你的黑暗面。

當黑夜來臨時，其實我們只需有一點點光就足夠照明了。你不是那熊熊烈火的太陽，你是皎潔柔和的月亮，去享受你溫柔而不軟弱的力量。

◆補充建議與提醒：

也許身旁有很多人去鼓勵你、誘惑你、強迫你要更積極、更熱情、更開放、多跟其他人在一起……其實你真的可以大膽的說：「不關你的事！」

◆ **藍光月光石的能量特性：**

當你觀察這顆美麗迷幻的藍光月光石時，你會發現在白色的光暈中，同時又浮現月光的幽藍，深邃的色彩變化提供陰性的能量、自我肯定、增加個人魅力。

藍光月光石的陰性能量跟眉心輪有關，能夠協助你理清混亂的親密關係，以及讓你看清神祕世界的真相。

◆ **接收水晶寶石光能療癒：**

在晚上的時候，最好是在能看到月亮的晚上進行。

直接把這張藍光月光石牌卡靠近你的眉心輪，跟自己說：「我將成為我自己，我愛我自己，我尊重我自己，我接受自身所有的面向，我將成為我，一個獨一無二的我，我是月亮，我擁有溫柔而有力的力量。」

藍色寶石系列

非晶質 Amorphous 調節・平衡
藍珀
Blue Amber
喚醒你隱藏的靈性力量
你已經準備好進入意識的蛻變
以智慧取代恐懼來面對外界的干擾
31

所對應的脈輪：

③ 太陽神經叢輪——自我價值、勇氣、力量

⑥ 眉心輪——直覺力、洞察力、智慧

⑦ 頂輪——靈性能量出入口、生命的最高目標、與宇宙的連結

宇宙元素：

地——落實在實際層面

火——熱情、動力、更積極投入

晶體結構：非晶質 Amorphous——調節・平衡

◆ **牌義說明：**

你正處於意識覺醒的時刻，你的眼界被打開了，可能有些你一直不懂的事情，現在你開始懂了。對於生命的價值從本來的「知道」蛻變為「了悟」。從以往累積的生命經驗，慢慢走到內在智慧的收成期了。你的心智已經成熟了，你正走在正確的道路上。

◆ **補充建議與提醒：**

藍珀的頻率除了靈性上的力量外，同時也與琥珀一樣，具有安神鎮驚、趨吉避凶的功效。所以說這張牌卡也告訴你儘管現在的經驗是陌生的，但不用害怕，信任你的直覺力（眉心輪），付出你的行動（太陽神經叢輪），完成你的夢想和使命（頂輪）。

◆ **藍珀的能量特性：**

地球上有一種非常特別而美麗的琥珀，在一般自然光線下是金黃色的，但如果換在紫外光照射下，會呈現藍色螢光的色彩，非常迷人，故稱為藍珀——是琥珀中相對稀有的品種。

藍珀的能量能夠將你的意識提升，啟動你隱藏的靈性力量，讓你了悟更多更深的宇宙真理。

如遇上受驚過度，或心神不安，藍珀同時擁有安神鎮驚、擋煞化煞、趨吉避凶的功效。

◆接收水晶寶石光能療癒：

觀想你體內如藍珀一樣，散發出藍色的光，你醒來了！你的靈性正提升至更高更正向的層次，你已經準備好進入意識的蛻變，所有的事情將越來越清晰。現在請你對著藍珀之光牌卡深吸一口氣，並心中想著：

「我接受藍珀之光的力量，去幫助我面對外界的干擾，及理解宇宙奧祕的智慧。」

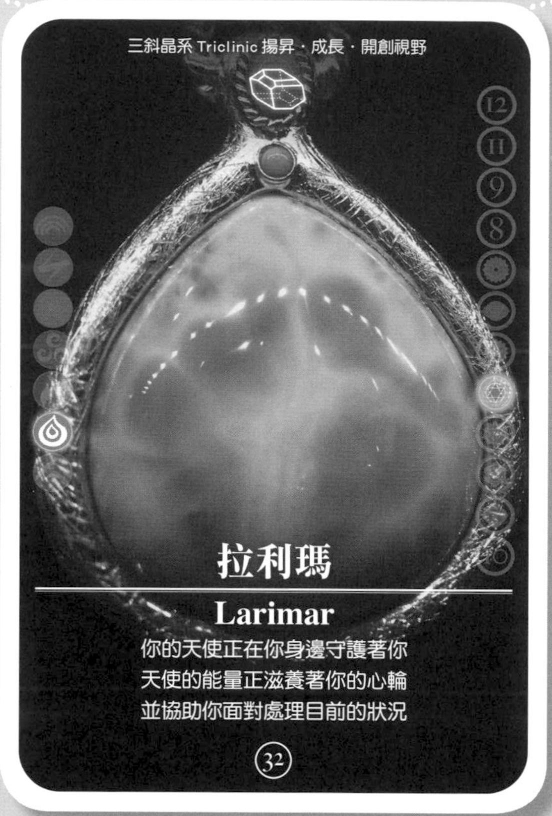
三斜晶系 Triclinic 揚昇・成長・開創視野
12
11
9
8
拉利瑪
Larimar
你的天使正在你身邊守護著你
天使的能量正滋養著你的心輪
並協助你面對處理目前的狀況
32

所對應的脈輪：

④　心輪——給予愛與接受愛的能力、內心的信任

宇宙元素：水——流動、淨化、轉化、融合的狀態

晶體結構：三斜晶系 Triclinic——揚昇・成長・開創視野

◆ **牌義說明：**

抽到這張牌卡的你，是否覺得最近的生活如有神助般？你有發現你正被看顧著嗎？

你的守護天使想跟你說：「我就在你身邊，你將不再孤單，我會守護著你，協助你目前的情況。」

◆ **補充建議與提醒：**

如果平常的你都是擔當照顧別人的角色的話，現在你終於可以鬆口氣，讓你的守護天使來照顧你了。請相信宇宙會給予你力量的。

◆ **拉利瑪水晶的能量特性：**

來自加勒比海，多明尼加共和國的拉利瑪水晶，給人溫暖親切的粉藍色，交織著白色的紋路，如海洋與浪花、天空與白雲、愛和天使的療癒光彩，能給予心輪溫柔體貼的滋養，當你需要被愛、被擁抱的時候，拉利瑪水晶就像你的守護天使，讓你知道其實你並不孤單。

◆接收水晶寶石光能療癒：

將拉利瑪水晶牌卡貼近你的心輪，並觀想：「我被天使的愛所充滿，我是被神所看顧的，我相信一切都會有最好的安排，天使的能量正滋養著我的心輪。」

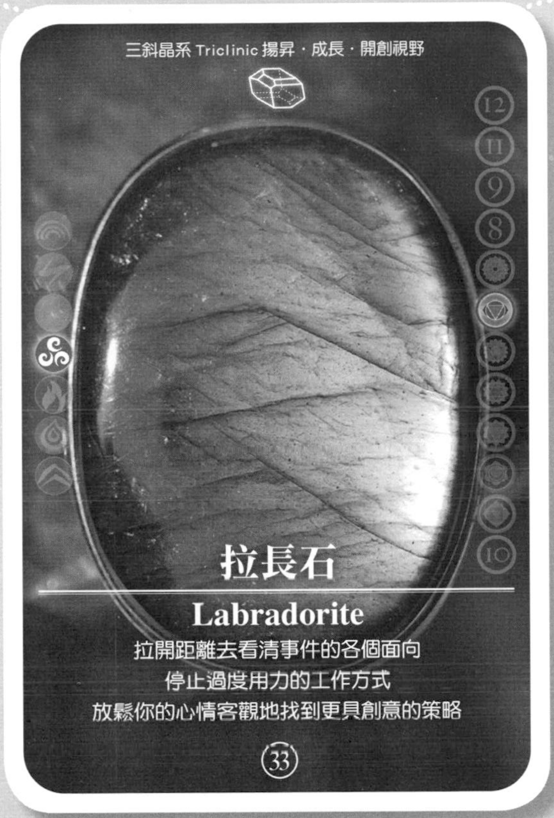
三斜晶系 Triclinic 揚昇 · 成長 · 開創視野
12
11
9
8
10
拉長石
Labradorite
拉開距離去看清事件的各個面向
停止過度用力的工作方式
放鬆你的心情客觀地找到更具創意的策略
33

所對應的脈輪：

⑥ 眉心輪——直覺力、洞察力、智慧

宇宙元素：風——吹散、變動、擴展、放下、鬆開

晶體結構：三斜晶系 Triclinic——揚昇 · 成長 · 開創視野

◆ **牌義說明：**

抽到這張牌卡，代表你的壓力已經到達臨界點了，這樣下去不只是傷害到你的身體，同時也無法完成你的任務。去放鬆一下吧！

也許你目前處理事情的態度太「用力」了，你的過度認真和嚴肅的思考，是不會成功的。

這張牌卡建議你停止所有過度用力的工作方式，不要再執著於一種方法、一個立場去看待事情，應該拉開距離去看清事件的各個面向。

只用頭腦去分析是行不通的，請以放鬆的心情、客觀的觀察力，去找到具有創意的策略。

◆ **拉長石的能量特性：**

擁有多重色彩的拉長石，在不同的角度會呈現銀、灰、藍、綠、黃、橘等不同迷幻的光暈。

拉長石能夠提升洞察力、直覺力與創意，並放鬆過度用腦所帶來的壓力，以及消除長時間使用電腦而引起的眼睛不適。尤其適合從事創意、設計、策劃、藝術等領域的專業人士。

◆接收水晶寶石光能療癒：

看著牌卡上拉長石所散發出的多種色彩，感受你的眼睛放鬆下來了，放鬆你的眼皮，但不要閉上眼睛。然後慢慢把手上的牌卡跟你的視線拉遠距離，然後再放下牌卡不用再看了。

現在改為觀察眼前的景物，試著盡量不費力地去看，只是直接觀察，意思就是沒有判斷、沒有偏見、沒有先入為主的觀念；不馬上下定論、不立即歸類、不貼上標籤、完全不作命名，而直接觀察每一件事物最單純的原貌，你創造出一個全新的視野，看清整體的真正面貌，無限的創造力正在發生。

三方晶系 Trigonal 指向・前進・動力
星光藍寶石
Blue Star Sapphire
是時候去呈現你的天賦使命
你已經累積夠多的經驗和努力去發光發亮
你將成為一位擁有真正實力的領導者
34

所對應的脈輪：

⑤ 喉輪——誠實表達自我、溝通、個人意志的顯現

⑥ 眉心輪——直覺力、洞察力、智慧

⑦ 頂輪——靈性能量出入口、生命的最高目標、與宇宙的連結

⑨ 靈魂之星：代表聖靈、高我的住所

宇宙元素：

雷電——強而有力的力量、不可忽略

地——落實在實際層面

晶體結構：三方晶系 Trigonal——指向・前進・動力

◆ **牌義說明：**

這張牌卡是要告訴你時間到了，你已經累積夠多的經驗和努力，現在就是去呈現你的天賦使命的時候，你將會把你的智慧透過言語去感染群眾，你將成為一位有真正實力的領導者、老師、夢想家。

◆ **補充建議與提醒：**

抽到這張牌卡的你也可能正處於生命轉變階段，如正要轉業、移居外地，或正準備人生下半場等，記住，這一切都是必然發生的，都是你的生命歷程，請肯定自己能夠發揮最大的力量勇往向前吧！

◆ **星光藍寶石的能量特性：**

高貴迷人的藍寶石要歷經數百萬年的地質演化而形成，而藍寶石要呈現出星光效應，更是需要內部包裹體為纖維狀或針狀平行排列，最後才能發射出對稱等距離的耀眼星光。

星光藍寶石能夠增強心智與表達能力，更能清晰地說出具智慧之語去感染群眾，同時激活潛藏的超感應力，協助落實個人的靈魂使命。

◆ **接收水晶寶石光能療癒：**

請放鬆坐下來，並將脊椎挺直，深呼吸五至十次之後，感受你的喉輪、眉心輪、頂輪，和靈魂之星（頭頂上五至十公分位置），與牌卡中的星光藍寶石之光連結共振，觀想耀眼的藍寶星光充滿了這四個脈輪，感覺到自己從過去所累積的滿滿力量，現在終於到了成熟的階段，我將把我的美好化成光和熱去感動世界。

立方晶系 Cubic 穩定・積極
12
11
9
8
10
青金石
Lapis Lazuli
停止漫無目的的學習與尋找
將你的專注力投注在最優先的順序上
看清自己的目標與方向一門深入
35

所對應的脈輪：

⑥ 眉心輪——直覺力、洞察力、智慧

宇宙元素：

地——落實在實際層面

水——流動、淨化、轉化、融合的狀態

晶體結構：立方晶系 Cubic——穩定・積極

牌義說明：

這張牌卡提醒你要專注在自己真正想要的目標上，雖然世界很大，宇宙很廣，但你總不能沒有方向性地尋找，什麼都要、什麼都試試看，沒有核心地把一大堆知識塞給腦袋，最後只會成為膚淺的學問而已。從現在開始，你要看清自己的方向，冷靜洞察目前的狀況，一門深入。

補充建議與提醒：

青金石是與宇宙神祕力量有關，如果你在探索靈性世界的領域中有點迷失的話，請先放慢腳步，投注專注力和時間在你最優先的「法門」上，放下你對靈性成長的「貪心」。

青金石的能量特性：

埃及、印度、西藏、中國，四大古文明國度的守護聖石，靛藍色的礦石上佈滿閃閃發亮的金光（黃鐵礦），有如在夜空之中裡發出光芒的星星。

自古以來，青金石就代表智慧，使人更有洞察力去看清眼前的問題，看清自己的盲點與方向。

青金石同時能夠增強直覺力，協助探索宇宙神祕力量。

◆ 接收水晶寶石光能療癒：

想像一條無形發光的線，從青金石牌卡連結到你的眉心輪。靛藍色的光使你更專注，並擁有更強大的洞察力去看待世界，你將找到屬於自己的星光。

斜方晶系 Orthorhombic 蛻變．轉化
堇青石
Iolite
其實你已經知道答案了
請信任你的第六感
你的直覺力正指引你前進的方向
36

所對應的脈輪：

⑥　眉心輪——直覺力、洞察力、智慧

宇宙元素：風——吹散、變動、擴展、放下、鬆開

晶體結構：斜方晶系 Orthorhombic——蛻變．轉化

◆**牌義說明：**

信任你的第六感，因為這些「非理性」的感覺都是對你有意義，縱使它看起來豪無根據，但請你放下懷疑，開放性地聆聽你內在的小聲音，去忽略那些理所當然的批評，運用你的直覺力，其實你已經知道答案了，你的高我正指引前進的方向。

◆**補充建議與提醒：**

如果你還是沒辦法立刻放下由頭腦思考的生活模式，你可以試著先以客觀開放的態度，透過多次聆聽內在的第六感，驗證事件發生是否正確後，再衡量如何將理性與直覺力結合的處事方法。

◆**堇青石的能量特性：**

堇青石是巫術之石，傳說古代維京水手都會放一顆堇青石在船上，每當航行前都會請示堇青石有關當天航程的情況，如天氣、海況、適合的航線等。

堇青石能激發你更多第六感，給予你內在的洞見、增強解決問題的靈感，了悟過去與前世回溯、穿越層層雲霧，指引前進的方向。

◆ **接收水晶寶石光能療癒：**

右手拿起堇青石牌卡，左手中指指腹輕輕碰觸你的眉心輪，引導牌卡中堇青石之光流入你的眉心輪，並給予自己新的肯定方向：「我將重新啟動我的眉心輪，打開我的第六感，拿回我本來就有的直覺力。」

靛藍色寶石系列

三斜晶系 Triclinic 揚昇・成長・開創視野
12
11
9
8
藍晶石
Kyanite
放下過去慣性思維
開放地進入超越你認知的全新領域
宇宙生命的奧祕正要為你進行解碼
37

所對應的脈輪：

⑥ 眉心輪——直覺力、洞察力、智慧

⑦ 頂輪——靈性能量出入口、生命的最高目標、與宇宙的連結

⑧ 揚昇輪：靈性的腦、靈性訊息的解碼器、負責實現自己的神聖計劃

宇宙元素：雷電——強而有力的力量、不可忽略

晶體結構：三斜晶系 Triclinic——揚昇・成長・開創視野

◆ **牌義說明：**

你正開始要進入超越你意識認知的領域，也許這是你以前從未體驗過的，甚至不曾出現在你腦中的資料庫裡，這張牌卡提醒你放下過去慣性思維，以一種開放接受的態度，全然地進入這個全新的領域，關於生命和宇宙的奧祕正要為你進行解碼，你的靈性意識也準備好要揚昇，去理解更複雜更高次元的世界。

◆ **藍晶石的能量特性：**

藍晶石就是一個靈性訊息的解碼器、內在覺知之橋，發展靈性潛力，啟動五次元的揚昇脈輪（靈性的腦），當我們要進入超越自己意識認知領域時，藍晶石會把我們的大腦升級，使我們能夠理解更復雜更高次元的訊息，尤其是宇宙神聖知識，如經典經文、心靈書籍、聖人教化等。

藍晶石也能給予你創造力的能力，當你準備構思某件事情或需要寫作時，配戴藍晶石會為你帶來更多的創意靈感，並以全新的方式來執行。

◆ **接收水晶寶石光能療癒：**

請你專注看著這張藍晶石牌卡，想像自己的身體變得越來越輕、越來越輕，甚至開始浮起來。你將放下過去慣性思維，開放地進入超越你認知的全新領域，你的靈性意識也準備好要揚昇，去理解更複雜更高次元的世界。

「我的意識狀態正在揚昇蛻變！我的意識狀態正在揚昇蛻變！我的意識狀態正在揚昇蛻變！」

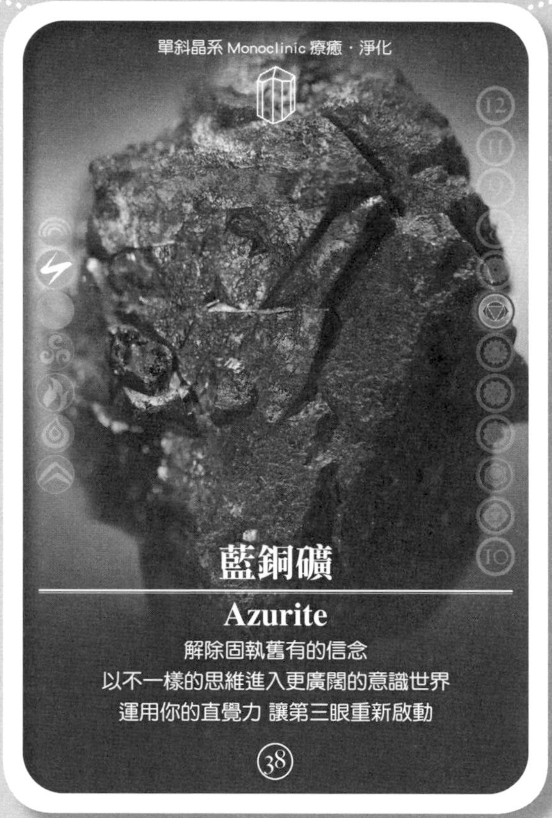
單斜晶系 Monoclinic 療癒．淨化
藍銅礦
Azurite
解除固執舊有的信念
以不一樣的思維進入更廣闊的意識世界
運用你的直覺力 讓第三眼重新啟動
38

所對應的脈輪：

⑥ 眉心輪——直覺力、洞察力、智慧

宇宙元素：雷電——強而有力的力量、不可忽略

晶體結構：單斜晶系 Monoclinic——療癒．淨化

牌義說明：

這張牌卡告訴你，假若你真的想看清生命的真相，你必須釋放所有頑固的舊有思維，放下頭腦理智，從心出發，運用更多直覺力去感受宇宙萬物，啟動這個本來就安裝在你體內的「第三眼」，讓你以不一樣的思考模式，進入更廣闊的意識世界。

補充建議與提醒：

建議你可以將藍銅礦放在眉心輪上清理能量阻礙，然後再尋找一些能喚醒直覺力或感官的相關方法，抽時間練習一段時間後，就會有機會重新建立一種新的心智覺察能力。

藍銅礦的能量特性：

藍銅礦的能量像針刺的感覺，強而有力，有效地消除思維上的恐懼與黑暗，釋放舊有模式的信念系統，清理眉心輪的阻礙，給予你新的洞見，讓第三眼重新啟動，適合有意開發靈性能量敏感度的初學者，或因為經常使用靈通力而使眉心輪疲累卡住的專業占卜師。

◆ **接收水晶寶石光能療癒：**

將藍銅礦牌卡輕輕往上掃過你的眉心輪（第三眼）三次，想像在你裡面的恐懼、黑暗，以及所有能量阻塞，都被藍銅礦那強烈的靛藍色之光掃走了。

接下來，繼續看著牌卡15分鐘，靜心冥想你將拿回啟動第三眼的直覺力。

藍紫色寶石系列

隱晶質 cryptocrystalline 安撫・和諧・放下
藍紫玉髓
Blue-Purple Chalcedony
暫停過度思考凡事完美的方式
改為溫和正向的交流與溝通
讓自己做點別的事去紓緩腦波
39

所對應的脈輪：

⑤ 喉輪——誠實表達自我、溝通、個人意志的顯現

⑥ 眉心輪——直覺力、洞察力、智慧

宇宙元素：水——流動、淨化、轉化、融合的狀態

晶體結構：隱晶質 Cryptocrystalline——安撫・和諧・放下

◆ **牌義說明：**

最近要處理的事情實在是焦頭爛額，喘不過氣來，相信你會很累很累。試著放鬆一點去面對吧！

不要太認真、太嚴肅，不是每件事情都非要一絲不苟不可，有時候我們可以允許自己與他人，以一種較紓緩的方式工作，改以溫和地表達你的想法，為整個工作或生活空間，充滿友善正向的交流與溝通。

◆ **補充建議與提醒：**

建議你做點跟你工作無關的活動來放鬆心情、紓緩腦波，如做運動、聽音樂、到戶外走走、按摩、泡湯……

◆ **藍紫玉髓的能量特性：**

當你看到藍紫玉髓那半透明的藍紫色柔和組合時，心力交瘁的你，頓時會變得放鬆安定下來。藍紫玉髓能夠安撫過度用腦所產生的躁動與不安，舒緩腦波頻率；並修復無法溝通而受傷的喉輪使你能夠再度溫和地表達自我，帶來和平穩定的交流與溝通。

◆接收水晶寶石光能療癒：

找一個可以使你完全放鬆的地方躺下來，拿著這張牌卡，感受藍紫玉髓那柔和療癒的色彩，慢慢放鬆你的身體、放鬆你的心、放鬆你的頭腦。現在你終於可以放下因用腦所產生的躁動與不安，所有思緒的疲累慢慢地釋放了……我的眉心輪被安撫著，我的喉輪也被滋養。

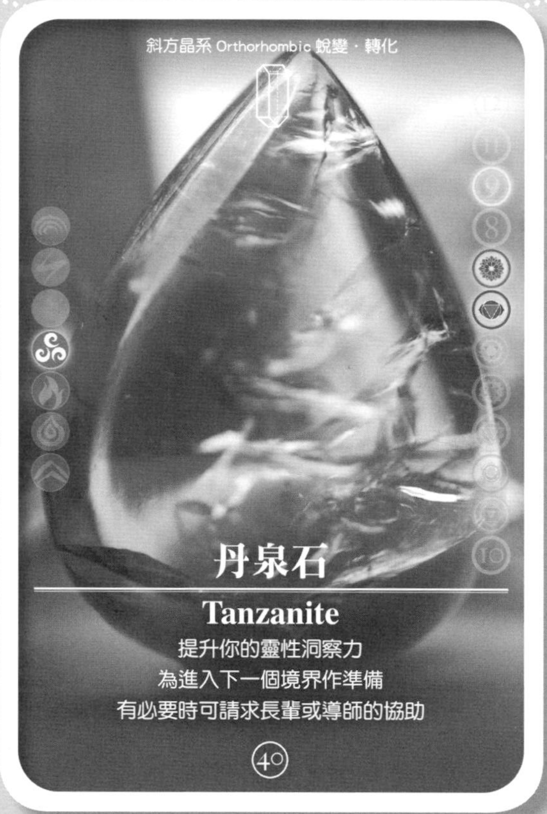
斜方晶系 Orthorhombic 蛻變・轉化
丹泉石
Tanzanite
提升你的靈性洞察力
為進入下一個境界作準備
有必要時可請求長輩或導師的協助
40

所對應的脈輪：

⑥ 眉心輪——直覺力、洞察力、智慧

⑦ 頂輪——靈性能量出入口、生命的最高目標、與宇宙的連結

⑨ 靈魂之星：代表聖靈、高我的住所

宇宙元素：風——吹散、變動、擴展、放下、鬆開

晶體結構：斜方晶系 Orthorhombic——蛻變・轉化

◆ **牌義說明：**

抽到這張牌卡是因為你止要準備進入生命的下一階段，甚至跨越另一個境界。現在你需要的就是提升你的智慧和看事情的高度，尤其是在靈性領域上的揚昇最為重要。

◆ **補充建議與提醒：**

為了提升你的靈性成長，你可能需要請教你敬重的前輩、符合資格的心靈導師，或祈請來自高次元空間的天使、菩薩、高靈、揚昇大師等的訊息。

◆ **丹泉石的能量特性：**

丹泉石又稱坦桑石，是最近這二、三十年發現的珍貴寶石，從天藍色到午夜深藍的基礎上再加上閃耀的紫色光芒，神祕迷人。丹泉石能夠提升你的靈性敏感度，增強靈感（點子）的出現、同時啟動眉心輪、頂輪與靈魂之星脈輪，提供你進入新的境界所需能量。適合準備飛躍成長、加速發展未來計劃的夢想家。

◆ **接收水晶寶石光能療癒：**

把丹泉石牌卡放在視線範圍內，雙手打開，並想像自己正在飛翔的感覺。

「我已經準備好進入下一個境界了，請求宇宙給予我所需要的能量與協助，但願我擁有更高的智慧，完成我的使命，並讓世界更美好。」

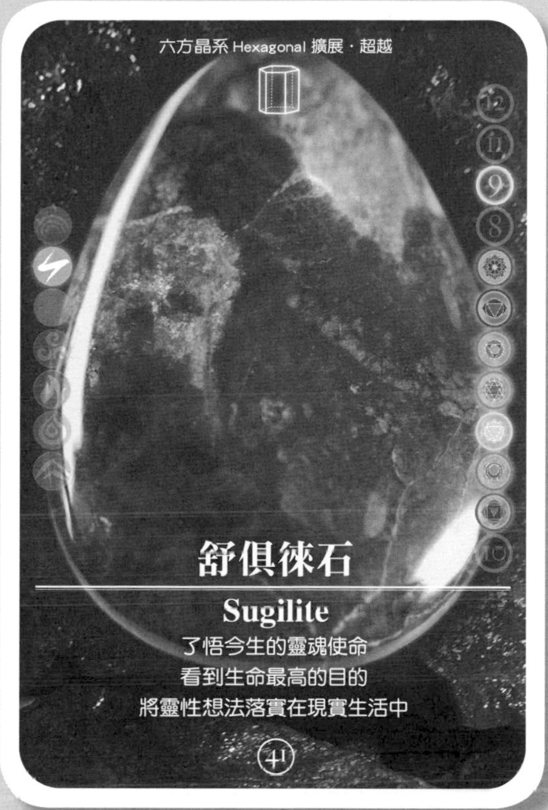
六方晶系 Hexagonal 擴展．超越
12
11
9
8
10
舒俱徠石
Sugilite
了悟今生的靈魂使命
看到生命最高的目的
將靈性想法落實在現實生活中
41

所對應的脈輪：

① 海底輪——生命力、性能量、與大地的連結
② 丹田輪——最真實的情感、慾望
③ 太陽神經叢輪——自我價值、勇氣、力量
④ 心輪——給予愛與接受愛的能力、內心的信任
⑤ 喉輪——誠實表達自我、 溝通、個人意志的顯現
⑥ 眉心輪——直覺力、洞察力、智慧
⑦ 頂輪——靈性能量出入口、生命的最高目標、
與宇宙的連結
⑨ 靈魂之星：代表聖靈、高我的住所

宇宙元素：雷電——強而有力的力量、不可忽略

晶體結構：六方晶系 Hexagonal——擴展．超越

◆**牌義說明：**

當你抽到這張牌卡的時候，就是你開始探索自己靈魂使命的時候。你可能曾經問自己為什麼我會來到地球？我成為人的目的是什麼？我是誰？什麼是我想做的？現在就是要從這一大堆人生大哉問中找到答案的時候。

你將進入尋找生命真理的旅程，你會發現屬於你真正的天賦才華，包含你過去（包括前世）的學習經驗，將靈性理念落實在現實生活中，看到生命最高目的，了悟你今生的靈魂使命。

◆**補充建議與提醒：**

舒俱徠石象徵神聖的「紫色火焰」，具有慈悲、寬恕與轉化的特性，如果你正處於人生重大的轉變中，對於這個情況，你要保持正向的態度，危機就是轉機，一切都是為了讓你在人生成長的路上可以走得更遠。

◆ 舒俱徠石的能量特性：

舒俱徠石是心靈修行者的最重要療癒寶石，是靈性的導師，舒俱徠石能夠充分給予所有渴望「回家」的靈魂一盞明燈，當你有意識地與舒俱徠石連結時，你會被那強大的智慧與慈悲所打動，舒俱徠會給予你靈性成長所需要的一切。

舒俱徠石能讓人了悟過去的因果業力，解放因為未知和無明而產生的恐懼。教導你如何實行靈性與物質生活同樣豐盛的法則。如果你是外星移民或靛藍小孩，舒俱徠會教導你如何適應地球較低頻的生活，並用光和愛的方式，分享自己的特質，完成任務。適合各種階段的修行者。

◆ 接收水晶寶石光能療癒：

將舒俱徠牌卡放在桌上，雙手合掌，欣賞著牌卡中深邃的紫色之光，從外而內充滿著你。

「我祈請舒俱徠寶石之光引導我找到真正的自己，使我了悟今生的靈魂使命，讓我看到生命最高的目的，並將靈性想法落實在現實生活中。」

單斜晶系 Monoclinic 療癒・淨化
12
11
9
8
10
紫龍晶
Charoite
超越內在的恐懼
接受全部的自己
黑暗不再威脅到你
42

所對應的脈輪：

⑦ 頂輪——靈性能量出入口、生命的最高目標、與宇宙的連結

⑨ 靈魂之星：代表聖靈、高我的住所

宇宙元素：

火——熱情、動力、更積極投入

風——吹散、變動、擴展、放下、鬆開

晶體結構：單斜晶系 Monoclinic——療癒・淨化

◆ **牌義說明：**

也許你正面臨生命中的蛻變，有很多的未知與不安，害怕錯誤，害怕黑暗，更怕被負面能量影響。

由於我們的恐懼導致誤解黑暗的力量，其實你可以擁抱黑暗來對付黑暗。去接受每個面向的你，當你開始釐清對光明的依戀，黑暗就不再威脅到你，與此同時，所有的恐懼、不安、脆弱、無助都會一層又一層地褪去。

◆ **紫龍晶的能量特性：**

紫龍晶以屬於頂輪智慧的紫色為主要基調顏色，再加上代表光明的白色，和代表黑暗的黑色條紋，交織旋轉融合在一起，告訴你如何以智慧之眼，去超越生命中的黑白、是非、對錯中的二分性。

紫龍晶能夠釋放潛意識的深層恐懼、提升內在洞見、整合前世的記憶與學習、消除靈性上的恐懼。

◆ **接收水晶寶石光能療癒：**

雙手拿著紫龍晶牌卡，全然地觀賞牌卡中紫龍晶所散發出的紫、黑、白融合的光，完全地敞開心房，接受紫龍晶為你消除所有靈性上的恐懼，你正超越黑暗與光明，死亡與再生，正面與負面。

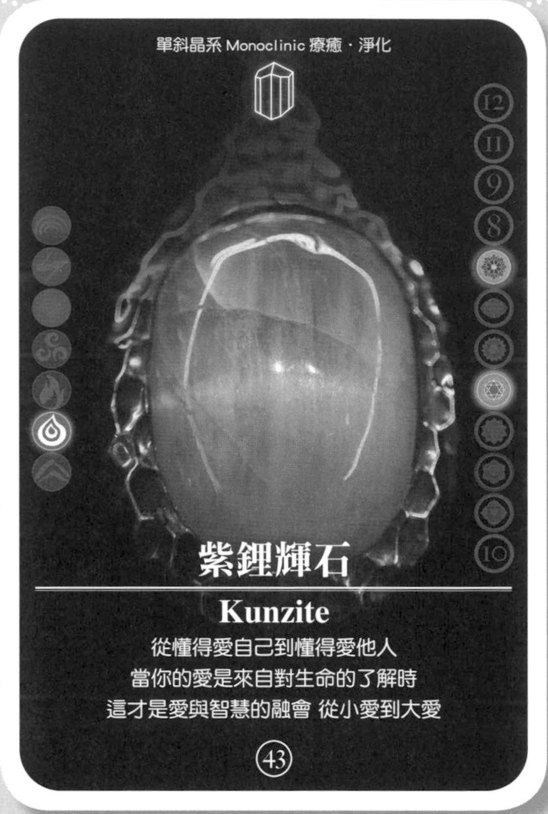
單斜晶系 Monoclinic 療癒・淨化
12
11
9
8
10
紫鋰輝石
Kunzite
從懂得愛自己到懂得愛他人
當你的愛是來自對生命的了解時
這才是愛與智慧的融會 從小愛到大愛
43

所對應的脈輪：

④ 心輪——給予愛與接受愛的能力、內心的信任

⑦ 頂輪——靈性能量出入口、生命的最高目標、與宇宙的連結

宇宙元素：水——流動、淨化、轉化、融合的狀態

晶體結構：單斜晶系 Monoclinic——療癒・淨化

牌義說明：

抽到這張牌卡會有兩種人：一、你不愛自己，只照顧別人。二、你已經夠成熟，可以開始把愛分享出去了。

當你懂得愛自己時，才會真正懂得愛別人。一個不愛自己的人，永遠也不知道如何愛別人。因為愛是一種狀態，不是一個作為。唯有當你能夠愛自己到滿溢而出時，這種愛的質量才能感動他人。

如果你的愛是來自對生命的了解時，它的力量是有感染力的，你會以同理心去取代同情心，安慰的話語會帶入你的洞見與經歷，這是愛與智慧的融會，這是慈悲，這是你與眾多生命相互受益的大愛。

紫鋰輝石的能量特性：

紫色頂輪的智慧之光，加上粉紅色心輪的愛的滋潤，形成紫鋰輝石特有的頻率——從「小愛」到「大愛」。

紫鋰輝石的能量，為我們帶來對給予愛的洞察力，讓善良、熱心的「爛好人」可以在一個更高、更廣的角度去協助他人轉化內心的不平衡，給予更深度的關懷，而不只是「濫愛」。

紫鋰輝石能讓你更能了解生命，越多的了解會讓你保有越多的空間給予愛，讓你成為具有包容性的人。適合療癒師、心靈老師、以助人為目標的光行者。

◆ **接收水晶寶石光能療癒：**

右手拿著這張牌卡，左手觸摸著心輪，感受牌卡中紫鋰輝石的紫中帶粉紅色的光，融入你的心輪。

心中默唸：「但願我完全地懂得去愛我自己，同時再把這份愛分享給更多的生命。從小愛到大愛，願我擁有足夠的愛與智慧，成為真正的慈悲，利益眾生。」

三方晶系 Trigonal 指向・前進・動力
紫水晶花
Amethyst Flower
你的靈性已經到了開花的狀態
你身上帶著的不只是快樂而是喜悅
現在就分享你對生命的洞見與豐盛吧
44

所對應的脈輪：

⑦ 頂輪——靈性能量出入口、生命的最高目標、與宇宙的連結

⑨ 靈魂之星：代表聖靈、高我的住所

⑪ 基督意識：神聖無條件的愛、完美無缺的慈悲與智慧、菩薩與大天使之光

宇宙元素：彩虹——希望、運氣、來自天上的祝福、把握瞬間契機

晶體結構：三方晶系 Trigonal——指向・前進・動力

◆ **牌義說明：**

如果你抽到這張牌卡，我要恭喜你了！你的靈性生命已經到了開花的狀態，你身上帶著的不是快樂而是喜悅，是一種不受外界影響的永恆狀態。你像一朵盛開的花朵，把你的喜悅、你的祝福、你的芳香散佈給你身邊的人、事、物。現在就分享你對生命的洞見和豐盛的生活，使來到你身邊的人能夠與你共舞。

◆ **紫水晶花的能量特性：**

當與靈性探索有關的紫水晶，以特殊獨有的花朵呈現方式出現時，就是代表頂輪成熟開花的日子到來。紫水晶花是給已經快畢業的成熟老靈魂的禮物，邀請你慶祝無限的靈性喜悅，並且有意識地分享給身邊的人。

紫水晶花亦同時可以與基督意識共振，與大愛層次的高靈、天使、菩薩連結。

◆ **接收水晶寶石光能療癒：**

把紫水晶花牌卡放在視線範圍內，雙手放在大腿上，掌心朝上。想像你的頂輪有一朵大大的花慢慢地打開綻放，你的芬芳散播開來，從你的空間開始到整個地球，以及整個宇宙，你靈性到達開花的狀態了，去分享你醒悟的喜悅給每一個來到你身邊的人，為慶祝生命而舞蹈。

三方晶系 Trigonal 指向・前進・動力
導師紫水晶
Amethyst - The Master Crystal
你不用再往外尋求了
所有的答案都在你裡面
成為創造自己生命的內在師父
45

所對應的脈輪：

⑦ 頂輪——靈性能量出入口、生命的最高目標、與宇宙的連結

⑨ 靈魂之星：代表聖靈、高我的住所

宇宙元素：火——熱情、動力、更積極投入

晶體結構：三方晶系 Trigonal——指向・前進・動力

◆牌義說明：

這張牌卡是要提醒你不會再往外尋求了，回到你的內在，你才是那個創造自己生命的主人，你是你自己的「內在師父」。如果你沒有帶著覺知，不管遍尋多少名師，或用盡各種方法，你依舊是無知，你必須要停止重複舊有的習性，為自己負起生命的所有責任，才不會讓自己走了不少冤枉路。

所有的答案都在你裡面。

◆導師紫水晶的能量特性：

導師紫水晶故名思義就是你的導師，適合成為水晶祭壇上的主角，當你誠心祈請連結，導師紫水晶能夠發展你的覺知能力，訓練看事情的高度、深度與廣度，使你對自己的身心狀態有更清晰的覺知，從而達到生命的蛻變成長。

◆ **接收水晶寶石光能療癒：**

請想辦法把導師紫水晶牌卡立起來，雙手合掌，誠懇地與導師紫水晶能量同頻共振，感受你的頂輪和靈魂之星都充滿了紫色的光。「願我帶著更多的覺知，成為我生命中的主人，我不再需要往外尋求，我與我的高我在一起，我就是我自己的內在師父。」

立方晶系 Cubic 穩定・積極
鑽石
Diamond
保持你一貫專注堅定的信念
去蕪存菁 無罣無礙
把自己的才華發光發亮影響別人
46

所對應的脈輪：

- ① 海底輪——生命力、性能量、與大地的連結
- ② 丹田輪——最真實的情感、慾望
- ③ 太陽神經叢輪——自我價值、勇氣、力量
- ④ 心輪——給予愛與接受愛的能力、內心的信任
- ⑤ 喉輪——誠實表達自我、 溝通、個人意志的顯現
- ⑥ 眉心輪——直覺力、洞察力、智慧
- ⑦ 頂輪——靈性能量出入口、生命的最高目標、與宇宙的連結

宇宙元素：雷電——強而有力的力量、不可忽略

晶體結構：立方晶系 Cubic——穩定・積極

◆ **牌義說明：**

這張牌告訴你請繼續擁有那顆金剛之心，保持你堅定的信念，把所有多餘的東西、雜念等拋掉，去蕪存菁，無罣無礙，讓一切變得更純粹、更聚焦。

◆ **補充建議與提醒：**

你的成功除了你的堅持，也絕對是因為你對自己投入的時間，和懂得掌握平衡發展而得來的。

◆ **鑽石的能量特性：**

首先鑽石是世界上硬度最高的寶石，要切割鑽石就只能用鑽石本身才能做到，所以它的能量是代表堅定不屈。要成為一顆有價值的鑽石（成功的人），必須同時擁有：

純粹無色透明（思想專注、不忘初衷）、極度準確的切磨（做事細心認真、思量周到）、極高的折射率（把自己的才華發光發亮，影響別人）。

總結以上，鑽石的能量可以給人帶來堅定不屈、思想專注、做事認真，並展現才華，發光發亮。

◆ **接收水晶寶石光能療癒：**

手持鑽石牌卡，去感受鑽石那完美切割的光照耀著你：「願我成為一顆鑽石，擁有無瑕的光芒，堅定的信念，專心一致，去蕪存菁、無罣無礙，並驕傲地展現自己，分享我認為美好的事物予全世界。」

三方晶系 Trigonal 指向・前進・動力
12
11
10
赫基蒙鑽
Herkimer Diamond
現在已經進入揭曉答案的最後倒數
拿回前世今生的記憶和任務
你被召喚去了悟宇宙的奧祕
47

所對應的脈輪：

① 海底輪——生命力、性能量、與大地的連結
② 丹田輪——最真實的情感、慾望
③ 太陽神經叢輪——自我價值、勇氣、力量
④ 心輪——給予愛與接受愛的能力、內心的信任
⑤ 喉輪——誠實表達自我、溝通、個人意志的顯現
⑥ 眉心輪——直覺力、洞察力、智慧
⑦ 頂輪——靈性能量出入口、生命的最高目標、與宇宙的連結
⑧ 揚昇輪：靈性的腦、靈性訊息的解碼器、負責如何實現自己的神聖計劃
⑨ 靈魂之星：代表聖靈、高我的住所
⑩ 大地之母星：與大地之母的連結及保護
⑪ 基督意識：神聖無條件的愛、完美無缺的慈悲與智慧、菩薩與大天使之光
⑫ 星際門戶：合一歸零、圓滿、回家、一切的一切、永恆、存在

宇宙元素：雷電——強而有力的力量、不可忽略

晶體結構：三方晶系 Trigonal——指向・前進・動力

牌義說明：

你在宇宙的奧祕中，尋尋覓覓很久很久了，現在已經進入揭曉答案的最後倒數，你將會接受意識上的終極淨化，你可能會遇到你的師父、上師、先知，或一本書、一句話，某至到了某個能量聖地等，讓你穿梭時間與空間，拿回前世今生的記憶和任務，了解你的人生一直以來所有發生的事情都是必然的，你終於放下你今生的執著，往更高維度的方向，朝著累世靈魂的目標前進。

恭喜你，你記得你自己了，你不只是「現在的你」，你同時是「過去的你」、「現在的你」、「未來的你」的全部。你也是「過去、現在、未來的你」的主人。你被祂召喚了。

赫基蒙鑽的能量特性：

赫基蒙鑽擁有極強大的高頻能量，當你握著它的時候，會明顯感到一股旋轉向上的提升，能夠同時淨化與啟動十二個脈輪，清除意識形態的能量阻礙、進入非線性時間軸、有意識的靈魂出體，進行清明夢，宇宙漫遊，了悟宇宙神祕訊息，連結外星文明。尤其對宇宙奧祕、高頻訊息有渴望的「敏感體質人士」帶來協助。

◆ **接收水晶寶石光能療癒：**

雙手拿著赫基蒙鑽牌卡，眼睛放鬆，眼皮半開半閉，視線在看與不看之間。告訴自己：「我不是這個身體，我是這個身體的主人，我不只是現在的我，我是過去、現在與未來的我，我是所有時空中的我的主人，我超越時空、我超越一切、我不見了，我與宇宙合而為一，我是一。」

白／透明色寶石系列

單斜晶系 Monoclinic 療癒・淨化
透石膏
Selenite
成為客觀的靈性管道
沒有批判地接收訊息
以靈性的高度去看清生命中的無常
48

所對應的脈輪：

- ⑦ 頂輪——靈性能量出入口、生命的最高目標、與宇宙的連結
- ⑧ 揚昇輪：靈性的腦、靈性訊息的解碼器、負責如何實現自己的神聖計劃
- ⑨ 靈魂之星：代表聖靈、高我的住所
- ⑪ 基督意識：神聖無條件的愛、完美無缺的慈悲與智慧、菩薩與大天使之光
- ⑫ 星際門戶：合一歸零、圓滿、回家、一切的一切、永恆、存在

宇宙元素：風——吹散、變動、擴展、放下、鬆開

晶體結構：單斜晶系 Monoclinic——療癒・淨化

◆牌義說明：

這張牌卡邀請你放下所有的自我與批判，完全地以客觀、中性的態度，去成為一條管道，一條屬於靈性的管道，上天會通過你這條管道去給予訊息與療癒，有時候是直接送給你，有時候則是藉由你去提醒別人。你要做的是放下小我與覺知，當人們需要你的時候，請你放空你自己，並觀想自己是一條靈性的管道，並以靈性的高度去看清生命中的無常，給予來到你身邊的人正向的能量。

◆補充建議與提醒：

請你不要糟蹋上天送給你對神祕力量的敏感力，這是一份能讓你活出自己使命的禮物。（不是要你必須成為職業「通靈者」，但也可以成為專業而非職業的「助人藝術家」。）

◆透石膏的能量特性：

透石膏其實就等於一條宇宙的天線，用來下載神性的訊息，而且速度很快，尤如靈性光纖網路去接收高頻訊息，並馬上下載到我們的心智網絡。

當你到達某處聖地、需要連結某位聖人、高靈時，將透石膏放置於你的頂輪位置時，就可以作為一道溝通連接的平台，進行接收或傳送訊息。

◆接收水晶寶石光能療癒：

雙手拿著透石膏牌卡「我將成為客觀的靈性管道，沒有批判地接收我所需要的訊息，並以靈性的高度去看清生命中的無常。」

三方晶系 Trigonal 指向．前進．動力
白水晶
Clear Quartz
清空所有不必要的
讓一切都穿越過去
全面性淨化與平衡你的身心靈
49

所對應的脈輪：

① 海底輪——生命力、性能量、與大地的連結
② 丹田輪——最真實的情感、慾望
③ 太陽神經叢輪——自我價值、勇氣、力量
④ 心輪——給予愛與接受愛的能力、內心的信任
⑤ 喉輪——誠實表達自我、 溝通、個人意志的顯現
⑥ 眉心輪——直覺力、洞察力、智慧
⑦ 頂輪——靈性能量出入口、生命的最高目標、與宇宙的連結

宇宙元素：

水——流動、淨化、轉化、融合的狀態
空——未顯化的宇宙意識，一切萬物的源頭，提供空間讓生命生長

晶體結構：三方晶系 Trigonal——指向．前進．動力

◆ **牌義說明：**

最近你是否遇到某些不如意或不公平的對待？白水晶之所以是透明，是因為光沒有停留在它的晶體上；請你把自己想像成一顆白水晶，你是透明的，所有來到你身上的攻擊、批評、流言蜚語都不是針對你的，一切都會穿透過去，不會留下任何一點，所以你不會再受傷了，沒有人可以傷害你。

◆ **補充建議與提醒：**

白水晶表面上是透明白色光，其實白色光是由紅、橙、黃、綠、藍、靛、紫所有光綜合組成的，代表白水晶同時對應七個脈輪。抽到這張牌卡的你要好好去平衡你七個脈輪，必須同時注意照顧到你的身體、情緒和靈性三個層面。

◆ **白水晶的能量特性：**

白水晶又稱為石英，早在人類科技領域上已經有很重要的用途，如「聚焦折射功能」的醫美紅寶石雷射除斑；「儲存資料功能」的記憶體晶片；「穩定傳遞訊息功能」的電子石英錶；「能源轉換功能」的太陽能集熱水晶芯片；「能量擴大功能」的音響擴大機。

白水晶是能夠全面性療癒的寶石，適合淨化所有脈輪，並使多餘的負面能量清理乾淨。有時候當你的想法打結，或思考呈現停滯狀態時，白水晶能夠協助你看清事件的真相。

白水晶中性客觀又全面的特性，是非常適合製作成通靈占卜的法器，如水晶球、靈擺。

◆ **接收水晶寶石光能療癒：**

左手拿著白水晶牌卡，右手觸摸著你的頂輪，觀想白水晶之光正進入你的頂輪，並進行淨化與平衡，約3分鐘後繼續將右手往下移動至眉心輪，做法同上，接著再一個個脈輪往下進行療癒，直至海底輪結束後，感受你的每一個脈輪都已經被白水晶之光所淨化與平衡了，想像你變成白水晶般透明清晰，一切都過去了，自在了。

三方晶系 Trigonal 指向・前進・動力
彩虹水晶球
Rainbow Quartz
你要以宏觀的角度去看待問題
提升高度、深度與廣度的周全視野
你將會有許多意想不到的發現和驚喜
50

所對應的脈輪：

⑥ 眉心輪——直覺力、洞察力、智慧

⑦ 頂輪——靈性能量出入口、生命的最高目標、與宇宙的連結

宇宙元素：

水——流動、淨化、轉化、融合的狀態

彩虹——希望、運氣、來自天上的祝福、把握瞬間契機

晶體結構：三方晶系 Trigonal——指向・前進・動力

牌義說明：

這張牌卡告訴你必須要以更宏觀的角度，來看待目前發生的事情，意思就是你不能一面倒地抓住一個點，你必須要更全面性的觀察和思考。如果你能同時具備宏觀、中觀、微觀的「周全」視野，你將會有許多意想不到的發現和驚喜。

補充建議與提醒：

如果你正處於思想阻塞的狀態，建議你先停下來，換個環境或做點別的事……也許你的天使和幸運之神就會出現在你面前。

彩虹水晶球的能量特性：

千百年來，神祕迷人的水晶球已被用作占卜和冥想的聖物了，它能夠超越過去、現在、未來的線性時空。據說在四千年前，歐洲最古老的族群，有「紅龍傳人」之稱的凱爾特人就已經開始使用水晶球作為占卜、冥想，了知過去、現在與未來的工具。

以天然白水晶（石英）製成的水晶球，能夠產生更高次元空間的振動頻率，可以擴大我們的意識，讓我們能夠有更高的視野和清晰度，協助我們去看清目前事件的來龍去脈。並且開啟第三眼的洞察力量，發展心靈感應能力。

除此之外，在水晶球出現的彩虹現象，據說是儲存著天使、高靈等高頻的療癒力量，同時提供你更多的「運氣」。

◆ 接收水晶寶石光能療癒：

在一處幽暗的空間點燃小蠟燭，播放適合的音樂或保持周圍完全寂靜來創造更好的氛圍。

雙手握住牌卡，閉上眼睛，舒服地放鬆坐著，但要注意不能駝背。緩緩地深呼吸10至20次，心中祈請牌卡給你一個有益的啟示。

慢慢張開眼睛，開始凝視著牌卡中的彩虹水晶球之光。什麼都不想，就只是去看，靜心觀照水晶球內部的美麗世界。

接下來就只是等待靈光乍現的一刻，可能是一道光、一個影像、一個象徵性的圖騰符號或一個啟示洞見。

三方晶系 Trigonal 指向．前進．動力
列木利亞種子水晶激光柱
Lemurian seed Crystal
你越能了解生命 你就越能去愛
以智慧與慈悲去處理目前發生的事件
你也可以用包容關懷取代績效計算
51

白／透明色寶石系列

所對應的脈輪：

① 海底輪——生命力、性能量、與大地的連結
② 丹田輪——最真實的情感、慾望
③ 太陽神經叢輪——自我價值、勇氣、力量
④ 心輪——給予愛與接受愛的能力、內心的信任
⑤ 喉輪——誠實表達自我、溝通、個人意志的顯現
⑥ 眉心輪——直覺力、洞察力、智慧
⑦ 頂輪——靈性能量出入口、生命的最高目標、與宇宙的連結
⑧ 揚昇輪：靈性的腦、靈性訊息的解碼器、負責如何實現自己的神聖計劃
⑨ 靈魂之星：代表聖靈、高我的住所
⑩ 大地之母星：與大地之母的連結及保護
⑪ 基督意識：神聖無條件的愛、完美無缺的慈悲與智慧、菩薩與大天使之光
⑫ 星際門戶：合一歸零、圓滿、回家、一切的一切、永恆、存在

宇宙元素：雷電——強而有力的力量、不可忽略

晶體結構：三方晶系 Trigonal——指向．前進．動力

牌義說明：

不要考慮什麼是對？什麼是錯？什麼才是真正的公平？停止充滿批判和計算的心計，試著去看每件事情背後的原由，以及什麼原因導致這個結果，這個人為什麼會憤怒、悲傷或擔憂？試問自己能夠產生出更多包容、寬恕的同理心嗎？恨從來不能趕走恨，只有愛能趕走恨，越多的了解會讓你保有越多的空間給予愛，讓你成為具有包容性的人。你越能了解生命，你就越能去愛，它們是一體的兩面。當你的愛是來自對生命的了解時，它就會慢慢茁壯成慈悲，這是一分來自存在的大愛。

補充建議與提醒：

如果你是公司負責人或主管，若你能用包容關懷你的下屬同仁，來取代績效計算的話，必然可獲得更好的報酬。

◆列木利亞種子水晶激光柱的能量特性：

列木利亞種子水晶激光柱的晶體表面會呈現非常美麗的「平行生長紋」，而有時候其中會有兩個面出現透明清澈的外皮。

列木利亞是比亞特蘭提斯更早的一個古文明時代，如果說亞特蘭提斯古文明是「高度科技」時代，那麼列木利亞就是「高度靈性」時代，一個充滿光和愛的世界，處處盡是智慧與慈悲。

當你手握著「列木利亞種子水晶激光柱」時，你會進入最高境界的療癒——光和愛，一切回到最神聖的狀態。當你用手指觸摸晶體上的「平行生長紋」時，就代表你開始打開藏在裡面的密碼，它是水晶寶石界的開悟存在體，並保存著珍貴的宇宙奧祕，等待準備好的靈魂去繼承這個靈性遺產。適合在心靈成熟度較高的光行者、追求真理，注重心法合一的修行者、專業心靈老師、資深療癒師。

◆ **接收水晶寶石光能療癒：**

先讓自己安靜下來，感受牌卡中列木利亞種子水晶激光柱所散發的光芒，拿回你本來就有之熱情的愛、客觀的見解、謙虛的心和對眾生的同理心。你將觀察到你身邊每個人目前的生命狀態，帶著不批判的心，去看看每個眾生所發生問題的背後原因……

你來到高度靈性的列木利亞古文明世界，一個充滿光和愛的世界，處處盡是智慧與慈悲。

三方晶系 Trigonal 指向・前進・動力
骨幹水晶
Elestial Crystal
親愛的你 不用擔心
你所累積的豐富經驗、知識和能力
已經足夠應付目前狀況了
52

所對應的脈輪：

- ① 海底輪——生命力、性能量、與大地的連結
- ② 丹田輪——最真實的情感、慾望
- ③ 太陽神經叢輪——自我價值、勇氣、力量
- ④ 心輪——給予愛與接受愛的能力、內心的信任
- ⑤ 喉輪——誠實表達自我、 溝通、個人意志的顯現
- ⑥ 眉心輪——直覺力、洞察力、智慧
- ⑦ 頂輪——靈性能量出入口、生命的最高目標、與宇宙的連結

宇宙元素：

- 地——落實在實際層面
- 水——流動、淨化、轉化、融合的狀態

晶體結構：三方晶系 Trigonal——指向・前進・動力

◆ **牌義說明：**

這張牌卡是要告訴你不用再在意自己不夠好，學問不夠淵博……親愛的你，不用擔心了，你所累積的豐富經驗、知識和能力，已經足夠應付目前狀況了。把你所擁有的東西化成行動的力量就可以了。

◆ **補充建議與提醒：**

如果你最近常感到有點心神不寧、一絲絲恐懼，甚至腦波很弱，常受別人影響心情……那麼，建議你必須停止往外尋找答案，要拿回自己的力量，重新認識自己，你才是自己生命的主人。

◆ **骨幹水晶的能量特性：**

骨幹水晶就像一位極有智慧和力量的老人，能夠給予你十足的隱定性，保護你的氣場、撫慰你的恐懼。骨幹水晶同時又是一個超級大腦，它能夠穩定腦波頻率，讓頭腦清楚作出準確的抉擇。

除了在心靈上的功效，骨幹水晶亦能協助肉體，整合脊髓回到對的位置，讓中脈氣場暢順。

◆接收水晶寶石光能療癒：

手持骨幹水晶牌卡，感受充滿力量的骨幹水晶所給予你的穩定性，就如一位充滿智慧的長輩給予你十足的信心和支持。肯定地告訴自己「我沒有任何的恐懼和擔憂，我所累積的豐富經驗、知識和能力，已經足夠應付目前狀況了。」

白／透明色寶石系列

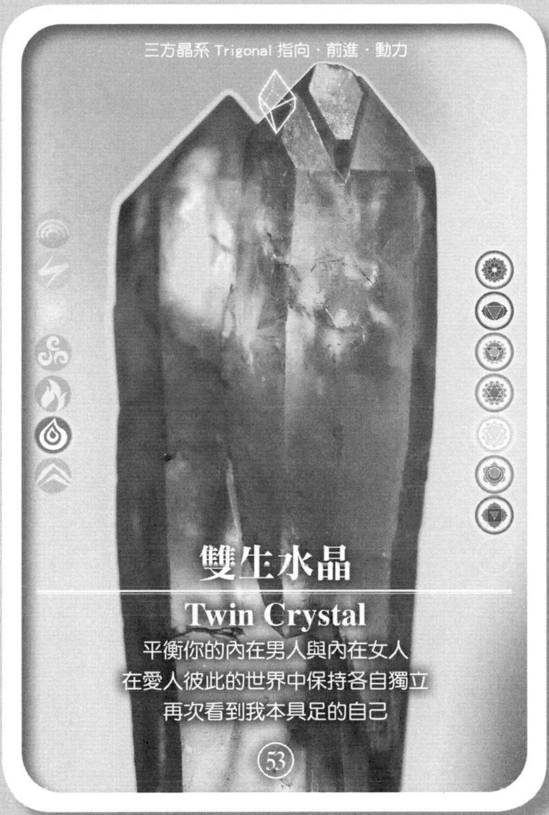
三方晶系 Trigonal 指向．前進．動力
雙生水晶
Twin Crystal
平衡你的內在男人與內在女人
在愛人彼此的世界中保持各自獨立
再次看到我本具足的自己
53

所對應的脈輪：

① 海底輪——生命力、性能量、與大地的連結
② 丹田輪——最真實的情感、慾望
③ 太陽神經叢輪——自我價值、勇氣、力量
④ 心輪——給予愛與接受愛的能力、內心的信任
⑤ 喉輪——誠實表達自我、溝通、個人意志的顯現
⑥ 眉心輪——直覺力、洞察力、智慧
⑦ 頂輪——靈性能量出入口、生命的最高目標、與宇宙的連結

宇宙元素：水——流動、淨化、轉化、融合的狀態

晶體結構：三方晶系 Trigonal——指向．前進．動力

◆ **牌義說明：**

愛的存在就是為了圓滿自己。當你要追求跟另一半之間的親密關係前，你必須要先跟真實的自己和平相處，更直接的意思是你要先了解自己想要的，懂得愛自己，讓自己變得完整後，才會懂得真正愛別人（或才會讓別人看到更完整真實的你）。

如果你硬是要在「愛的殘障」的狀態中，去尋找你心目中的靈魂伴侶的話，那麼「真愛」會離你越來越遠。是時候回到你自己身上，重新平衡你的內在男性能量和內在女性能量，再次看到「我本具足」的自己。

◆ **補充建議與提醒：**

如果你已經結婚或有伴侶的話，雙生水晶牌卡提醒你要在彼此的世界中保持自我，你們相愛在一起，但不要讓愛成為束縛，要留出空間讓雙方獨立成長。

雙生水晶的能量特性：

雙生水晶由兩個獨立完整的單尖水晶結合而成，這個特殊的組合就正代表著如果你要與他人建立良好完整的關係前，你必須先讓自己成為完整的個體。當兩個完整的個體結合在一起時，就會成為美麗神聖的愛，這樣的愛的關係，能夠圓滿自己的同時，亦能協助對方生命成長，這樣的一對伴侶就稱為「靈魂伴侶」——根本相連卻也各自獨立。

雙生水晶的另一個功能是：平衡你的男性能量（理性思考、邏輯、計劃、決策、行動力、勇氣等男性陽剛特質），與女性能量（各種感受情緒、創造力、直覺、愛與同情心等女性陰柔特質），讓兩種能量可以達到和諧合作的狀況。

接收水晶寶石光能療癒：

將牌卡放置前方，放鬆地坐著，身體以非常緩慢而溫柔的左右兩邊搖擺，想像體內左右兩邊的能量產生流動，平衡了你的左腦與右腦、理性與感性、陽剛與陰柔和內在男人與女人的能量。感受雙生水晶的能量正使你回到你自己身上，重新平衡你的內在男性能量，和內在女性能量，再次看到「我本具足」的自己。

白／透明色寶石系列

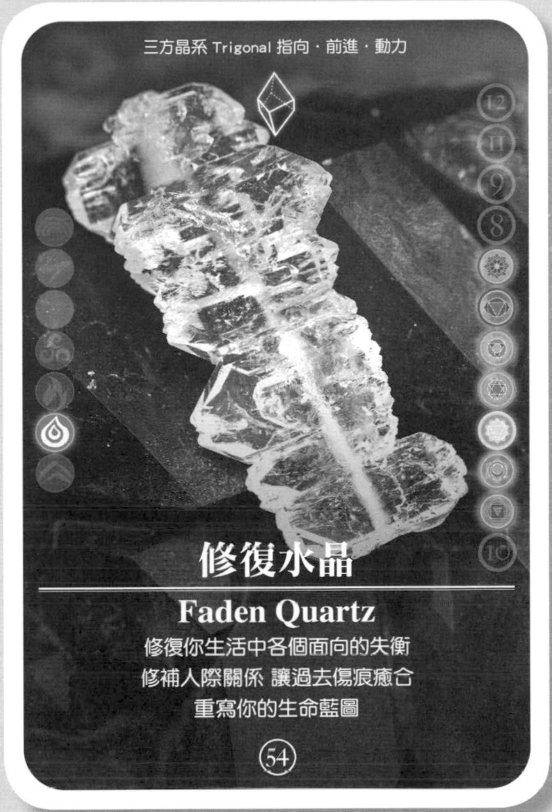
三方晶系 Trigonal 指向・前進・動力
修復水晶
Faden Quartz
修復你生活中各個面向的失衡
修補人際關係 讓過去傷痕癒合
重寫你的生命藍圖
54

所對應的脈輪：

- ① 海底輪——生命力、性能量、與大地的連結
- ② 丹田輪——最真實的情感、慾望
- ③ 太陽神經叢輪——自我價值、勇氣、力量
- ④ 心輪——給予愛與接受愛的能力、內心的信任
- ⑤ 喉輪——誠實表達自我、 溝通、個人意志的顯現
- ⑥ 眉心輪——直覺力、洞察力、智慧
- ⑦ 頂輪——靈性能量出入口、生命的最高目標、與宇宙的連結

宇宙元素：水——流動、淨化、轉化、融合的狀態

晶體結構：三方晶系 Trigonal——指向・前進・動力

◆ **牌義說明：**

這張牌卡給你一個重要的提醒，去修復你生活中各個面向的失衡，包括事業與家庭、夢想與現實、個人與團體等。現在就是時候去重建不良的人際關係，修補你與某人或團體之間的破裂關係，重新檢視你的生命態度，修復舊有的傷口，讓過去的傷痕慢慢癒合。

總而言之，就是要開始修補重建你的人生了。

◆ **修復水晶的能量特性：**

修復水晶主要功效是以高頻率能量來修復、重建、連結、組合、重新的特有種水晶，能夠協助你修復失衡的各個脈輪，修補人體氣場的破洞，療癒身心俱疲的挫敗感，重建不良的人際關係，重新組合新的人生觀。

另外，修復水晶本身也是從多個扁平水晶所組成的，而扁平水晶的能量代表連結，所以修復水晶能夠給予你強大的連結力量，如人與人之間的關係、人與宇宙萬物之間的關係，療癒師與個案可以更信任等。適合專業療癒師、心靈老師、或準備好重組修復自己生命的人士。

接收水晶寶石光能療癒：

左手拿著這張牌卡，右手觸摸著你的心輪，心中想著目前你最需要修復的主題是什麼？

保持張開雙眼，看著牌卡中修復水晶的圖片，感受水晶的能量正慢慢進入你的體內，修復水晶正在以高頻率能量來協助你修復、重建、連結、組合、重新你的生命。

保持緩慢地呼吸，約10至15分鐘。並允許這張牌卡的能量使你做出一些實際行動去改變你的生活，修復你和世界的關係。

三方晶系 Trigonal 指向・前進・動力
大教堂水晶
Cathedral Crystal
你回家了，回到宇宙萬物之中
你已經找到你的信仰中心了
不只與神性親近 而是成為神性
55

白/透明色寶石系列

所對應的脈輪：

- ① 海底輪——生命力、性能量、與大地的連結
- ② 丹田輪——最真實的情感、慾望
- ③ 太陽神經叢輪——自我價值、勇氣、力量
- ④ 心輪——給予愛與接受愛的能力、內心的信任
- ⑤ 喉輪——誠實表達自我、 溝通、個人意志的顯現
- ⑥ 眉心輪——直覺力、洞察力、智慧
- ⑦ 頂輪——靈性能量出入口、生命的最高目標、與宇宙的連結
- ⑧ 揚昇輪：靈性的腦、靈性訊息的解碼器、負責如何實現自己的神聖計劃
- ⑨ 靈魂之星：代表聖靈、高我的住所
- ⑩ 大地之母星：與大地之母的連結及保護
- ⑪ 基督意識：神聖無條件的愛、完美無缺的慈悲與智慧、菩薩與大天使之光
- ⑫ 星際門戶：合一歸零、圓滿、回家、一切的一切、永恆、存在

宇宙元素：空——未顯化的宇宙意識，一切萬物的源頭，提供空間讓生命生長

晶體結構：三方晶系 Trigonal——指向・前進・動力

◆ **牌義說明：**

你將來到人生最重要的一堂課——與神合一。

你既是消失，又無所在，你充滿整個宇宙，宇宙也充滿著你。

不只與神性親近，而是成為神性，成為「一」。

我們每個人都為著生命成長在努力，我們努力讓自己變得越來越好，越來越快樂，越來越充滿愛，越來越靈性……每個人都在經驗屬於他個人的生命旅程，雖然每個人的時間、速度、節奏都不一樣，可是每個人最終都會來到他人生的最重要的一堂課——「合一歸零」。

不用越來越好，因為沒有好與壞；

不用越來越快樂，因為我們可以超越快樂與不快樂；

我們不是要充滿愛，我們就是愛；

不只是與神靠近，而是成為神性，成為一。

回到宇宙萬物之中，天人合一 I AM THAT I AM。

◆ **補充建議與提醒：**

你將有可能與一群擁有共同信念的夥伴們，踏上內在生命成長的旅程，出發吧！宇宙會給予你最好的安排。

◆ **大教堂水晶的能量特性：**

大教堂水晶從外表看來就像由無數個獨立晶體組合而成的大型水晶資料庫，給人一種充滿智慧與穩定的感覺，大教堂水晶擁有與宇宙萬物連結的能力，同時又可以協助人們進行大型的祈福活動，下載高次元世界的訊息，連結至高的宇宙中心與大地之母，讓無形的靈性目標，落實在有形的物質世界上。喚醒你的高我意識（Higher-Self），進入更深的振動與擴展，並與整個存在合而為一。

適合用作心靈團體活動，或進行神聖儀式時用。

◆ **接收水晶寶石光能療癒：**

雙手拿著大教堂水晶牌卡，去感受牌卡中水晶所給予你的肯定與祝福，感受你這一刻終於不用再尋找、不用再擔心害怕了……因為你回家了，回到宇宙萬物之中，你已經找到你的信仰中心了，你是光！你是愛！你是宇宙一切。

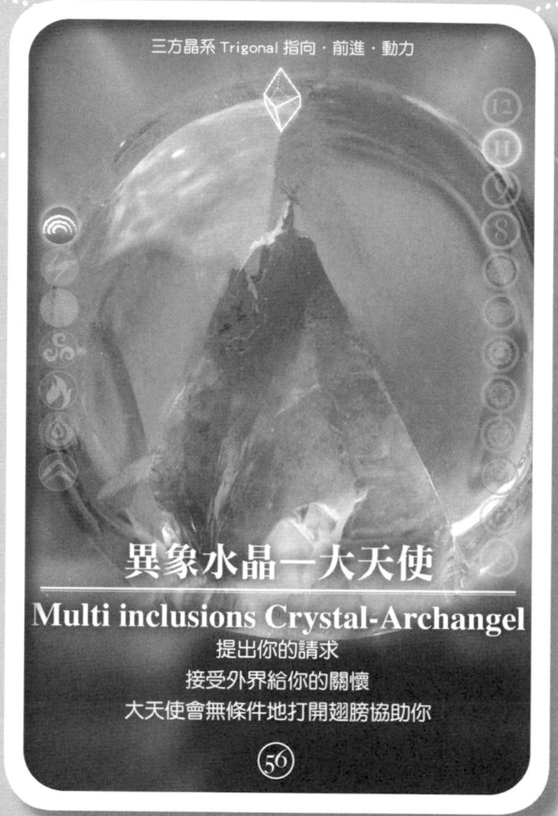
三方晶系 Trigonal 指向・前進・動力
12
11
異象水晶一大天使
Multi inclusions Crystal-Archangel
提出你的請求
接受外界給你的關懷
大天使會無條件地打開翅膀協助你
56

所對應的脈輪：

⑪ 基督意識：神聖無條件的愛、完美無缺的慈悲與智慧、菩薩與大天使之光

宇宙元素：彩虹──希望、運氣、來自天上的祝福、把握瞬間契機

晶體結構：三方晶系 Trigonal──指向・前進・動力

◆ **牌義說明：**

是時候要讓別人知道你的感受和需求了，允許他人去了解真實情況的你，請相信你是值得被愛的。

勇敢地去祈求你所需的一切，大天使正無條件地打開翅膀去協助你！放心！你一直以來都不是孤單的！

◆ **異象水晶——大天使的能量特性：**

當一顆石英水晶內部呈現美麗影象的內含物時，我們會稱之為異象水晶，這些內含物有時候會出現一些特殊的象徵意義，如翅膀、金字塔、三角形、雷電、龍……等。這些看似「巧合」的圖象，其實都是水晶寶石要告訴我們的祕密訊息。異象水晶——大天使就是其中之一，祂要告訴你的就是我將在這寶石中永遠守護著你，給予你需要的力量。

◆ 接收水晶寶石光能療癒：

左手拿著牌卡，右手觸摸著你的心輪，觀看著牌卡中的異象水晶——大天使的能量，祂正對你說：「親愛的你不會擔心！我知道你的感受，我將會無條件地打開翅膀去協助你！你永遠都不會孤單的。」

靜默5至10分鐘，相信你是值得擁有最好的。

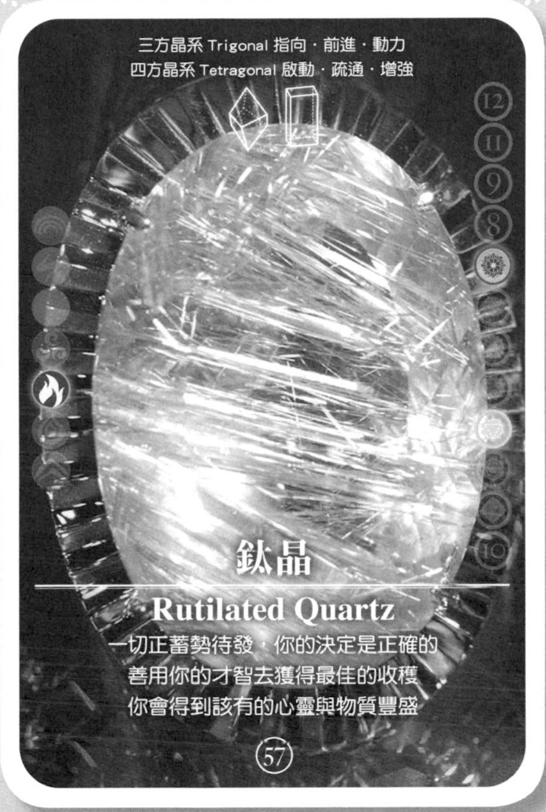
三方晶系 Trigonal 指向・前進・動力
四方晶系 Tetragonal 啟動・疏通・增強
12
11
9
8
10
鈦晶
Rutilated Quartz
一切正蓄勢待發，你的決定是正確的
善用你的才智去獲得最佳的收穫
你會得到該有的心靈與物質豐盛
57

所對應的脈輪：

③ 太陽神經叢輪——自我價值、勇氣、力量

⑦ 頂輪——靈性能量出入口、生命的最高目標、與宇宙的連結

宇宙元素：火——熱情、動力、更積極投入

晶體結構：

四方晶系 Tetragonal——啟動・疏通・增強

三方晶系 Trigonal——指向・前進・動力

◆ **牌義說明：**

如果你正在籌備進行一項未來計劃的話，恭喜你！你會成功的！你將會擁有心靈和物資的豐盛，繼續以強而有力的姿態，善用你的才智去獲得最佳的收穫，一切正蓄勢待發。

◆ **鈦晶的能量特性：**

鈦晶的學名叫金紅石，閃閃新輝的金色光束，象徵豐盛與財富的力量，強力拓展個人氣場的亮度與厚度。鈦晶不是用來「招財」；你的目的不是賺錢，而是以你的才智完成你的夢想目標，而金錢就自然地隨之而來，這稱之為「正財」——以才華來賺取財富。適合領袖、主管、老闆、位高者。

◆ **接收水晶寶石光能療癒：**

觀看著鈦晶牌卡的璀璨金光，深呼吸10至15次，每次吸氣的時候想像把鈦晶的光吸進來，吐氣時把多餘的能量吐出去。
感受你的氣場開始擴大，你的力量開始增強，一切都在宇宙最佳的安排中前進，保持正面與充滿信心的態度，實現你的目標。

立方晶系 Cubic 穩定・積極
黃鐵礦
Pyrite
放掉你的飄忽不定 不再猶豫不決
以堅定自信的領袖風範
取得實際權力 提升眾人的向心力
58

所對應的脈輪：

③ 太陽神經叢輪——自我價值、勇氣、力量

宇宙元素：

地——落實在實際層面

火——熱情、動力、更積極投入

晶體結構：立方晶系 Cubic——穩定・積極

牌義說明：

放掉你的飄忽不定，不要再猶豫不決了，現在就開始穩定地出發，不要急，一步一腳印地前進，完成你的目標。

請相信你是擁有領袖力量的，運用你的實力去提升眾人的向心力，一起完成任務。

黃鐵礦的能量特性：

黃鐵礦就像一座國王的寶座，能夠讓領導者感到穩定的自信去領導他的帝國。黃鐵礦能夠給予主管、領袖等團體負責人一份實際權力的力量，使你更有效率地善用你的員工團隊，提升眾人的向心力，增強堅定自信的領袖風範。

◆**接收水晶寶石光能療癒：**

以一種放鬆的姿勢靜靜地坐著。雙手拿著牌卡，慢慢的呼吸，去感受黃鐵礦給予你穩定自信的頻率。告訴你自己我是我生命的主人，我擁有強而有力的領導能力，我將帶著光和愛讓我身邊的人一起齊心一致完成夢想。

靜默，去接受這股堅定的力量。約20分鐘。

金屬 Metal 強而有力
黃金
Gold
你已經夠好了 你的成績是有目共睹
你已經證明你是有價值
你是值得站穩在這個舞台上
59

所對應的脈輪：

① 海底輪——生命力、性能量、與大地的連結

③ 太陽神經叢輪——自我價值、勇氣、力量

宇宙元素：

地——落實在實際層面

火——熱情、動力、更積極投入

晶體結構：金屬 Metal——強而有力

◆ **牌義說明：**

當你抽到這張牌卡的時候，就代表你已經夠好了，你的成績是有目共睹的，你已經證明你是有價值的，你是值得站在這個舞台上的，你以一點一滴的投入與付出去換取你該得的一切成就和豐盛。

◆ **黃金的能量特性：**

自古以來，黃金就是最高價值的貴金屬，象徵著國王領袖、達觀貴人、成功人士的身分地位。黃金的能量特性代表高貴、成功、力量、地位、權力、有價值。黃金能夠給予人們穩定實在的富足感，同時佩戴黃金使人感到自我價值提升，消除自卑感，並且提供氣場保護效果，避免頻率較低的能量干擾。

◆ **接收水晶寶石光能療癒：**

以一種放鬆的姿勢坐著，保持平靜而緩慢的呼吸，觀看牌卡中的黃金所散發出的穩定不透明的金光，想像你就是黃金！你是有價值的，你是你生命中的「王」，你是黃金！從內而外散發出厚實飽和的金光。約5至15分鐘。

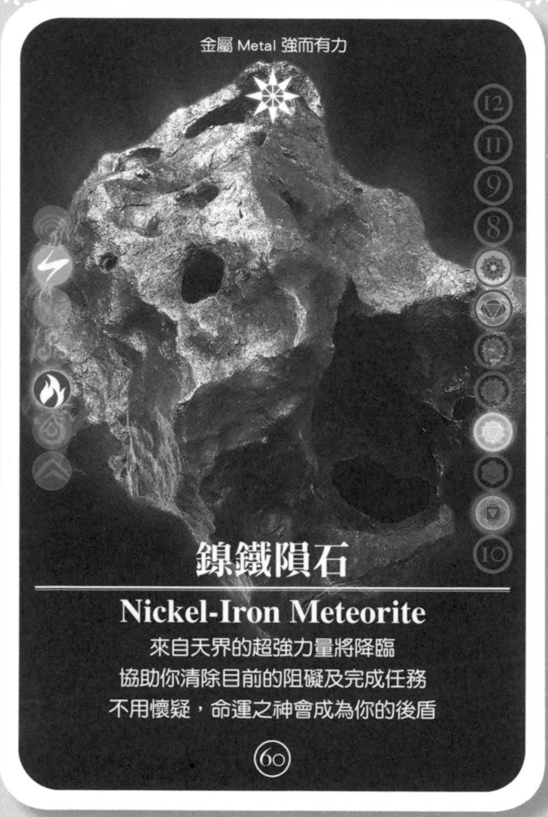
金屬 Metal 強而有力
12
11
9
8
10
鎳鐵隕石
Nickel-Iron Meteorite
來自天界的超強力量將降臨
協助你清除目前的阻礙及完成任務
不用懷疑，命運之神會成為你的後盾
60

所對應的脈輪：

- ① 海底輪——生命力、性能量、與大地的連結
- ③ 太陽神經叢輪——自我價值、勇氣、力量
- ⑥ 眉心輪——直覺力、洞察力、智慧
- ⑦ 頂輪——靈性能量出入口、生命的最高目標、與宇宙的連結

宇宙元素：

- 雷電——強而有力的力量、不可忽略
- 火——熱情、動力、更積極投入

晶體結構：金屬 Metal——強而有力

◆ **牌義說明：**

現在就召喚更高的宇宙力量來協助你，提升你的超能力（超越你所知的有限自我能力），增強意念的強度，並且啟動你的昆達里尼（kundalini）系統。

接下來，宇宙／上天／存在／神（或任何你所喜歡的稱呼），將為你清除所有混亂的想法，釋放沮喪與內疚的情緒體，協助你看清長期的困境，喚醒體內更新的力量，給你如神助般的蛻變。

◆ **補充建議與提醒：**

- 這是上天送給你的禮物，不用懷疑，去接收吧！
- 你能做的已經做了，接下來就把一切交託給神吧！
- 你將受到眷顧與保護，出發吧！命運之神會成為你行動的後盾。
- 是時候你需要一點瞬間爆發的力量了。

◆**鎳鐵殞石的能量特性：**

來自天上的、強烈的、無與倫比的「純粹力量」；純粹是因為鎳鐵殞石本身的強大力量並沒有分正面或負面，它是純粹中性的力量，意思是你擁有自己意志去運用它的能量來做任何事情，它都不會干涉，它只是單純地增強你的力量。

來自外太空的鎳鐵隕石，是從一個古老的小行星爆炸破碎後，於星際之間飄盪千萬年，因為某種原因被地球的重力所吸住，當行星碎片以超高速度直衝地球穿越大氣層後，表面已經燃燒殆盡，只剩下少數內部的核心（鎳與鐵元素），最後隕落到地球。

由於其含有大量鐵和鎳，又是天上來的，所以稱為天鐵。古代西藏密宗就已經把天鐵製成各種法器，據說具有把力量瞬間以倍數增強的能力。

註：鎳鐵殞石在漫長的星際旅途上，經歷了千百萬年，甚至上億年的冷卻時間，使得裡面的鐵與鎳兩種主要金屬元素，相互交織在一起形成美麗特殊的紋路，稱為「維德曼交角」（Widmanstatten Pattern）。目前這種花紋，沒有出現在地球上的任何天然鐵礦，同時人造技術也是無法做出的。

◆接收水晶寶石光能療癒：

雙手拿著牌卡，並給予自己肯定語：「我召喚鎳鐵殞石之光，提升我有限能力，增強我的心智敏銳度，並喚醒我體內更新的力量。我知道我是受到眷顧與保護的，命運之神會成為我行動的後盾！我從未如此感到自己能夠充滿這無與倫比的力量！」

三方晶系 Trigonal 指向・前進・動力
四方晶系 Tetragonal 啟動・疏通・增強
銀鈦
Silver Rutilated Quartz
了解自己的真正價值
放下必須得到別人認同的執著
培養足夠自信 低調做自己想做的事
61

所對應的脈輪：

⑦ 頂輪——靈性能量出入口、生命的最高目標、與宇宙的連結

⑨ 靈魂之星：代表聖靈、高我的住所

宇宙元素：水——流動、淨化、轉化、融合的狀態

晶體結構：

三方晶系 Trigonal——指向・前進・動力

四方晶系 Tetragonal——啟動・疏通・增強

牌義說明：

這張牌卡告訴你要信任自己的想法，忽略那些批評你、不支持你的聲音，做自己想做的事，唯有你自己，才能真正了解你自己要什麼？就算得不到別人的認同，也不用跟著世界的洪流走，專注你的心所想的，低調地做自己生活的主人。

補充建議與提醒：

也許你不是眾人的目光焦點，也許你的想法不太受一般人所接受，因為你不是一般人，你是獨一無二的，你必須要擁有足夠的自信，才能在世俗中低調地做自己喜歡的事。

銀鈦的能量特性：

低調而優雅的銀光，象徵著溫柔卻有力的姿態，銀鈦的能量可以給予

「非一般人」足夠的自信，鈦金屬元素本來就是強大的、堅定的，銀鈦不像鈦金金光閃閃引人注目，而是在低調中呈現它的與眾不同，當你懷疑自己獨特的個性，或另類的想法被批評時，銀鈦會協助你回到自我中心，再次信任自己的直覺和本能，明白自己在做什麼，誠實地做自己喜歡的事。

◆ **接收水晶寶石光能療癒：**

左手拿著銀鈦牌卡，右手按著心輪的位置，觀想銀鈦水晶的能量從左手引進，再從右手進入心輪，低調而優雅的銀光，象徵著溫柔卻有力的姿態，正慢慢地深入你的體內，並提醒你誰才是最了解你自己的人？答案就是你自己。

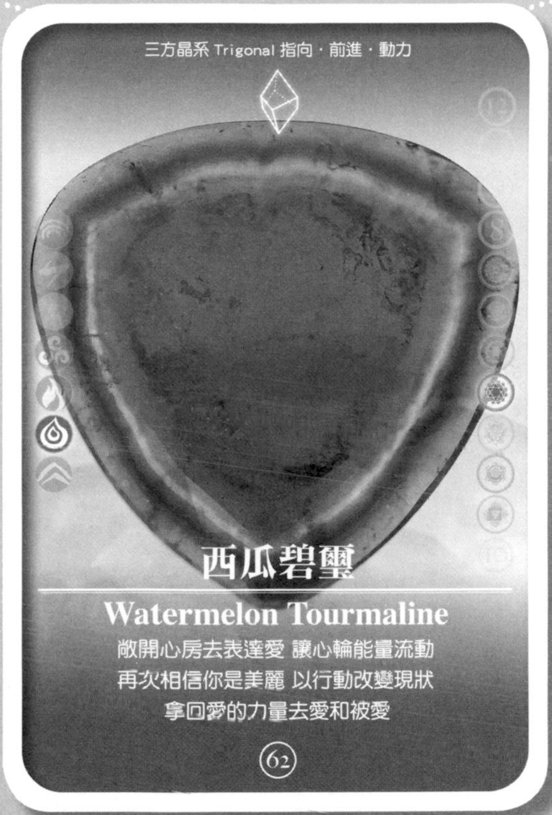
三方晶系 Trigonal 指向・前進・動力
西瓜碧璽
Watermelon Tourmaline
敞開心房去表達愛 讓心輪能量流動
再次相信你是美麗 以行動改變現狀
拿回愛的力量去愛和被愛
62

所對應的脈輪：

④　心輪——給予愛與接受愛的能力、內心的信任

宇宙元素：水——流動、淨化、轉化、融合的狀態

晶體結構：三方晶系 Trigonal——指向・前進・動力

◆ **牌義說明：**

抽到這張牌卡有兩種人：一、最近你感到很快樂。二、最近你的心輪卡卡的，心情有點怪怪的。

如果你是第一種人，替你感到幸福的同時，這張牌卡要提醒你試著把你的快樂分享給身邊的人，去表達你的愛，讓小愛轉為大愛，讓愛能夠流動，繼而培養你的慈悲心。

如果你是第二種人，請你嘗試做一些行動去改變目前的狀況，不要期待同樣的行為模式可以有不同的結局，你的心輪需要流動的能量來刺激它，去吧！請再次相信你是美麗的，你是有能力再次拿回愛的力量，去愛、去被愛。

◆ **西瓜碧璽的能量特性：**

在流動性質的碧璽家族中，西瓜碧璽算是最可愛美麗的一個成員，顏色像切開的西瓜般，從中心的粉紅色慢慢擴展至綠色，象徵著從小愛至大愛的精神。西瓜碧璽能夠吸引豐盛與繁榮，療癒心輪的創傷，並鼓勵人們做一些行動改變，學習表達自己的愛，讓心輪再次流動、再次相信自己是美麗的。此外，由於西瓜碧璽擁有強烈的愛的流動特性，佩戴時會出現心情愉悅，甚至有點興奮的心情。

◆接收水晶寶石光能療癒：

1、將牌卡放在桌上，雙手放在心輪上，以一種放鬆的姿勢坐著，緩緩地深呼吸約10次。

2、一邊吐氣，雙手一邊慢慢的往外打開至你覺得舒服的寬度；然後，吸氣時雙手再慢慢的收回到心輪上。速度必須緩慢，呼吸與動作節奏要一致。

3、當雙手從心輪打開時，觀想你同時在釋放所有限制愛流動的情緒記憶；當雙手再度回到心輪時，感受從西瓜碧璽水晶的光中，找回遺忘的被愛經驗。

4、繼續重複以上動作，當心輪打開時，在心中肯定的告訴自己：「我是有能力去給予愛的！」回到心輪時說：「我是值得被愛的！」約10至15分鐘。

彩色寶石系列

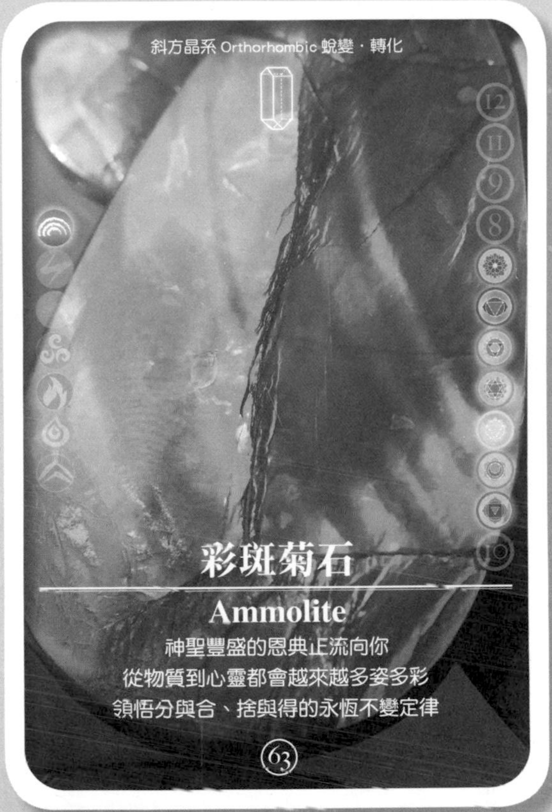
斜方晶系 Orthorhombic 蛻變・轉化
彩斑菊石
Ammolite
神聖豐盛的恩典正流向你
從物質到心靈都會越來越多姿多彩
領悟分與合、捨與得的永恆不變定律
63

所對應的脈輪：

① 海底輪——生命力、性能量、與大地的連結

② 丹田輪——最真實的情感、慾望

③ 太陽神經叢輪——自我價值、勇氣、力量

④ 心輪——給予愛與接受愛的能力、內心的信任

⑤ 喉輪——誠實表達自我、溝通、個人意志的顯現

⑥ 眉心輪——直覺力、洞察力、智慧

⑦ 頂輪——靈性能量出入口、生命的最高目標、與宇宙的連結

宇宙元素：彩虹——希望、運氣、來自天上的祝福、把握瞬間契機

晶體結構：斜方晶系 Orthorhombic——蛻變・轉化

牌義說明：

這是一個充滿恩典的關鍵時刻，你的生命即將進入蛻變與轉化的新階段，你的七個脈輪正被強化，從物質生活到靈性領域都同步增強，你的世界開始變得越來越多姿多彩，神聖的豐盛正流向你的生命，就算一切外在都消失，但最有價值的東西將會永遠保留著，無限永恆的幸福將屬於你。

彩斑菊石的能量特性：

彩斑菊石屬於菊石化石，約4億4千萬年到7千萬年間的海洋貝殼生物，經過億萬年的礦化作用後，產生神祕七彩的蛋白質光澤，並被視為一種珍貴的寶石。

彩斑菊石能夠同時啟動並增強人體中的七個脈輪，有助提升身體和精神、物質與靈性的力量，是東方風水學家的法器、西藏密宗修行者的吉祥物，也是美加印地安人視為帶來幸運財福的聖石。

彩斑菊石的原形是螺旋狀的，而螺旋旋轉能量就是代表聚合與釋放，旋轉所產生的「離心力」，讓不屬於你的東西離去；而「向心力」讓屬於你自己的東西聚合。就是這樣子產生分離與匯合、放下與拿起、捨與得的無限永恆的宇宙定律。

◆ **接收水晶寶石光能療癒：**

脊椎伸直而放鬆的坐著，雙手拿著牌卡，並距離身體約20至30公分距離，保持看著牌卡中彩斑菊石的七彩聖光，感受你的7個脈輪都被增強擴大，從身體到精神層面，從物質到靈性深處都開始被提升……然後，你開始想像身體有一股旋轉的感覺，旋轉所產生的「離心力」，讓不屬於你的東西離去；而「向心力」讓屬於你自己的東西聚合。就是這樣子產生分離與匯合、放下與拿起、捨與得的無限永恆的宇宙定律。保持自然呼吸約5分鐘。

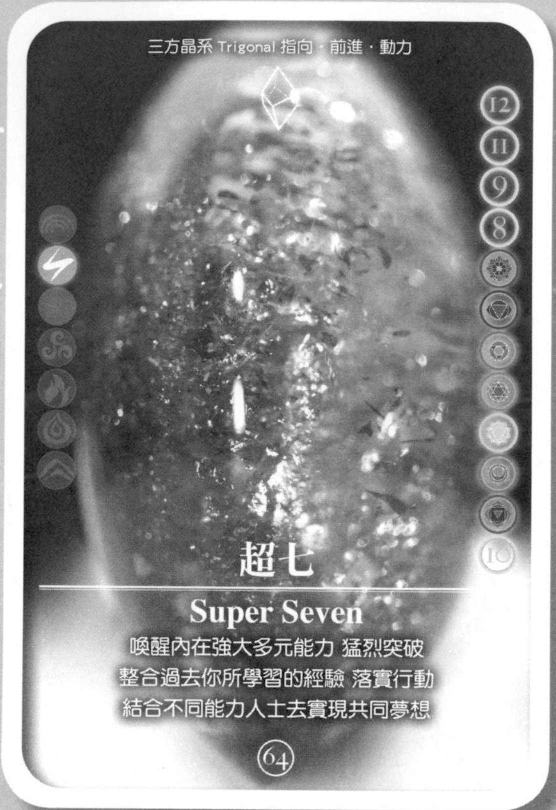
三方晶系 Trigonal 指向・前進・動力
超七
Super Seven
喚醒內在強大多元能力 猛烈突破
整合過去你所學習的經驗 落實行動
結合不同能力人士去實現共同夢想
64

所對應的脈輪：

① 海底輪——生命力、性能量、與大地的連結
② 丹田輪——最真實的情感、慾望
③ 太陽神經叢輪——自我價值、勇氣、力量
④ 心輪——給予愛與接受愛的能力、內心的信任
⑤ 喉輪——誠實表達自我、溝通、個人意志的顯現
⑥ 眉心輪——直覺力、洞察力、智慧
⑦ 頂輪——靈性能量出入口、生命的最高目標、與宇宙的連結
⑧ 揚昇輪：靈性的腦、靈性訊息的解碼器、負責如何實現自己的神聖計劃
⑨ 靈魂之星：代表聖靈、高我的住所
⑩ 大地之母星：與大地之母的連結及保護
⑪ 基督意識：神聖無條件的愛、完美無缺的慈悲與智慧、菩薩與大天使之光
⑫ 星際門戶：合一歸零、圓滿、回家、一切的一切、永恆、存在

宇宙元素：雷電——強而有力的力量、不可忽略

晶體結構：三方晶系 Trigonal——指向・前進・動力

◆ 牌義說明：

其實你具有強大而多元的能力，你擁有實現夢想和目標的一切所需。你必須整合過去你所學習的經驗去落實行動，或是結合不同能力的人去實現共同的夢想。有很多的未知和挑戰正等待著你去冒險，你要擺脫自我設限，發掘自己的無限潛能，喚醒在你內在一直都有的強大力量，並來一次猛烈的突破，你才能知道自己的潛力。

◆ 超七的能量特性：

超七，故名思義就是結合七種不同的礦石共生而成的水晶，包括：紫水晶（Amethyst）、白水晶（Clear Quartz）、煙晶（Smoky Quartz）、鈦晶（Rutile）、黃磷鐵礦（Cacoxenite）、針鐵礦（Goethite）、纖鐵礦（Lepidocrocite）。

超七屬於高頻能量水晶，擁有以上 7 種水晶礦石的特性並總合於一體：智慧、淨化、安撫、激發、穩定、去邪、保護等……就像「水晶療癒能量聯盟」。強大的力量甚至可以啟動開發12個脈輪，協助你整合過去（包括累世）你所學習的經驗去落實行動，激發你個人能力的潛能（超能力），而且速度和力度都驚人猛烈。

◆ **接收水晶寶石光能療癒：**

將牌卡放在桌上，雙手打開，深呼吸5至10次，感受牌卡中超七的光芒，觀想你的12個脈輪現在全面啟動：「我將整合過去所學習的經驗，我以強大的力量去落實行動，我終於可以擺脫所有自我的設限，我看到自己的無限潛能，我正開發內在的強大力量，我發現比我想像中更強大的自己。」

「水晶寶石 光能療癒卡」索引

斜方晶系 Orthorhombic 蛻變・轉化
彩斑菊石
Ammolite
神聖豐盛的恩典正流向你
從物質到心靈都會越來越多姿多彩
領悟分與合、捨與得的永恆不變定律
63

水晶寶石所屬之「晶系索引」

1

立方晶系 Cubic

療癒特性：「穩定．積極」

2

四方晶系 Tetragonal

療癒特性：「啟動．疏通．增強」

3

六方晶系 Hexagonal

療癒特性：「擴展．超越」

4

三方晶系 Trigonal

療癒特性：「指向．前進．動力」

5

斜方晶系 Orthorhombic

療癒特性：「蛻變・轉化」

6

單斜晶系 Monoclinic

療癒特性：「療癒．淨化」

7

三斜晶系 Triclinic

療癒特性：「揚昇．成長．開創視野」

8

隱晶質 Crypto-Crystalline

療癒特性：「安撫・和諧・放下」

9

非晶質 Amorphous

療癒特性：「調節・平衡」

10

金屬 Metal

療癒特性：「力量」

11

有機體 Organic Mineral

療癒特性：「生命力」

水晶寶石所屬之「12脈輪索引」

身體層次中七個脈輪

第1個脈輪：海底輪 Root Chakra

能量頻率：生命力、性能量、與大地的連結

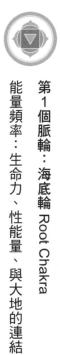

第2個脈輪：丹田輪 Sacral Chakra

能量頻率：最真實的情感、慾望

第3個脈輪：太陽神經叢輪 Solar Chakra

能量頻率：自我價值、勇氣、力量

第4個脈輪：心輪 Heart Chakra

能量頻率：給予愛與接受愛的能力、內心的信任

第5個脈輪：喉輪 Throat Chakra

能量頻率：誠實表達自我、溝通、個人意志的顯現

◆ 47 赫基蒙鑽 Herkimer Diamond（同時對應其他的脈輪：1．2．3．4．6．7．8．9．10．11．12）

◆ 49 白水晶 Clear Quartz（同時對應其他的脈輪：1．2．3．4．6．7）

◆ 51 列木利亞種子水晶激光柱 Lemurian seed Crystal（同時對應其他的脈輪：1．2．3．4．6．7．8．9．10．11．12）

◆ 52 骨幹水晶 Elestial Crystal（同時對應其他的脈輪：1．2．3．4．6．7）

◆ 53 雙生水晶 Twin Crystal（同時對應其他的脈輪：1．2．3．4．6．7）

◆ 54 修復水晶 Faden Quartz（同時對應其他的脈輪：1．2．3．4．6．7）

◆ 55 大教堂水晶 Cathedral Crystal（同時對應其他的脈輪：1．2．3．4．6．7．8．9．10．11．12）

◆ 63 彩斑菊石 Ammolite（同時對應其他的脈輪：1．2．3．4．6．7）

◆ 64 超七 Super Seven（同時對應其他的脈輪：1．2．3．4．6．7．8．9．10．11．12）

第6個脈輪：眉心輪 Third Eye Chakra

能量頻率：直覺力、洞察力、智慧

第7個脈輪：頂輪 Crown Chakra

能量頻率：靈性能量出入口、生命的最高目標、與宇宙的連結

靈魂層次的五個脈輪

8

第8個脈輪：揚昇輪 Causal Chakra

能量頻率：靈性的腦、靈性訊息的解碼器、負責如何實現自己的神聖計劃

9

第9個脈輪：靈魂之星 Soul Star Chakra

能量頻率：代表聖靈、高我的住所

IO

第10個脈輪：大地之母星 Earth Star

能量頻率：與大地之母的連結及保護

II

第11個脈輪：基督意識 Christ Consciousness Chakra

能量頻率：神聖無條件的愛、完美無缺的慈悲與智慧、菩薩與大天使之光

12

第12個脈輪：星際門戶 Stellar Gateway

能量頻率：合一歸零、圓滿、回家、一切的一切、永恆、存在

水晶寶石所屬之「宇宙元素索引」

1 地

能量特性：落實在實際層面

2 水

能量特性：流動、淨化、轉化、融合的狀態

3 火

能量特性：熱情、動力、更積極投入

4 風

能量特性：吹散、變動、擴展、放下、鬆開

5 空

能量特性：未顯化的宇宙意識，也就是一切萬物的源頭，提供空間讓生命生長

6

雷電

能量特性：強而有力、不可忽略的力量

7

彩虹

能量特性：希望、運氣、來自天上的祝福、把握瞬間契機

橡樹林文化 ❖❖ 眾生系列 ❖❖ 書目

JP0091	法國清新舒壓著色畫 50：療癒曼陀羅	伊莎貝爾．熱志－梅納＆紀絲蘭．史朵哈＆克萊兒．摩荷爾－法帝歐◎著	350 元
JP0092	風是我的母親	熊心、茉莉．拉肯◎著	350 元
JP0093	法國清新舒壓著色畫 50：幸福懷舊	伊莎貝爾．熱志－梅納＆紀絲蘭．史朵哈＆克萊兒．摩荷爾－法帝歐◎著	350 元
JP0094	走過倉央嘉措的傳奇：尋訪六世達賴喇嘛的童年和晚年，解開情詩活佛的生死之謎	邱常梵◎著	450 元
JP0095	【當和尚遇到鑽石 4】愛的業力法則：西藏的古老智慧，讓愛情心想事成	麥可．羅區格西◎著	450 元
JP0096	媽媽的公主病：活在母親陰影中的女兒，如何走出自我？	凱莉爾．麥克布萊德博士◎著	380 元
JP0097	法國清新舒壓著色畫 50：璀璨伊斯蘭	伊莎貝爾．熱志－梅納＆紀絲蘭．史朵哈＆克萊兒．摩荷爾－法帝歐◎著	350 元
JP0098	最美好的都在此刻：53 個創意、幽默、找回微笑生活的正念練習	珍．邱禪．貝斯醫生◎著	350 元
JP0099	愛，從呼吸開始吧！回到當下、讓心輕安的禪修之道	釋果峻◎著	300 元
JP0100	能量曼陀羅：彩繪內在寧靜小宇宙	保羅．霍伊斯坦、狄蒂．羅恩◎著	380 元
JP0101	爸媽何必太正經！幽默溝通，讓孩子正向、積極、有力量	南琦◎著	300 元
JP0102	舍利子，是甚麼？	洪宏◎著	320 元
JP0103	我隨上師轉山：蓮師聖地溯源朝聖	邱常梵◎著	460 元
JP0104	光之手：人體能量場療癒全書	芭芭拉．安．布藍能◎著	899 元
JP0105	在悲傷中還有光：失去珍愛的人事物，找回重新聯結的希望	尾角光美◎著	300 元
JP0106	法國清新舒壓著色畫 45：海底嘉年華	小姐們◎著	360 元
JP0108	用「自主學習」來翻轉教育！沒有課表、沒有分數的瑟谷學校	丹尼爾．格林伯格◎著	300 元
JP0109	Soppy 愛賴在一起	菲莉帕．賴斯◎著	300 元
JP0110	我嫁到不丹的幸福生活：一段愛與冒險的故事	琳達．黎明◎著	350 元
JP0111	TTouch® 神奇的毛小孩按摩術——狗狗篇	琳達．泰林頓瓊斯博士◎著	320 元
JP0112	戀瑜伽．愛素食：覺醒，從愛與不傷害開始	莎朗．嘉儂◎著	320 元
JP0113	TTouch® 神奇的毛小孩按摩術——貓貓篇	琳達．泰林頓瓊斯博士◎著	320 元
JP0114	給禪修者與久坐者的痠痛舒緩瑜伽	琴恩．厄爾邦◎著	380 元

JP0115	純植物·全食物：超過百道零壓力蔬食食譜，找回美好食物真滋味，心情、氣色閃亮亮	安潔拉·立頓◎著	680 元
JP0116	一碗粥的修行：從禪宗的飲食精神，體悟生命智慧的豐盛美好	吉村昇洋◎著	300 元
JP0117	綻放如花——巴哈花精靈性成長的教導	史岱方·波爾◎著	380 元
JP0118	貓星人的華麗狂想	馬喬·莎娜◎著	350 元
JP0119	直面生死的告白——一位曹洞宗禪師的出家緣由與說法	南直哉◎著	350 元
JP0120	OPEN MIND！房樹人繪畫心理學	一沙◎著	300 元
JP0121	不安的智慧	艾倫·W·沃茨◎著	280 元
JP0122	寫給媽媽的佛法書：不煩不憂照顧好自己與孩子	莎拉·娜塔莉◎著	320 元
JP0123	當和尚遇到鑽石 5：修行者的祕密花園	麥可·羅區格西◎著	320 元
JP0124	貓熊好療癒：這些年我們一起追的圓仔~~頭號「圓粉」私密日記大公開！	周咪咪◎著	340 元
JP0125	用血清素與眼淚消解壓力	有田秀穗◎著	300 元
JP0126	當勵志不再有效	金木水◎著	320 元
JP0127	特殊兒童瑜伽	索妮亞·蘇瑪◎著	380 元
JP0128	108 大拜式	JOYCE（翁憶珍）◎著	380 元
JP0129	修道士與商人的傳奇故事：經商中的每件事都是神聖之事	特里·費爾伯◎著	320 元
JP0130	靈氣實用手位法——西式靈氣系統創始者林忠次郎的療癒技術	林忠次郎、山口忠夫、法蘭克·阿加伐·彼得◎著	450 元
JP0131	你所不知道的養生迷思——治其病要先明其因，破解那些你還在信以為真的健康偏見！	曾培傑、陳創濤◎著	450 元
JP0132	貓僧人：有什麼好煩惱的喵～	御誕生寺（ごたんじょうじ）◎著	320 元
JP0133	昆達里尼瑜伽——永恆的力量之流	莎克蒂·帕瓦·考爾·卡爾薩◎著	599 元
JP0134	尋找第二佛陀·良美大師——探訪西藏象雄文化之旅	寧艷娟◎著	450 元
JP0135	聲音的治療力量：修復身心健康的咒語、唱誦與種子音	詹姆斯·唐傑婁◎著	300 元
JP0136	一大事因緣：韓國頂峰無無禪師的不二慈悲與智慧開示（特別收錄禪師台灣行腳對談）	頂峰無無禪師、天真法師、玄玄法師◎著	380 元
JP0137	運勢決定人生——執業 50 年、見識上萬客戶資深律師告訴你翻轉命運的智慧心法	西中　務◎著	350 元
JP0138	心靈花園：祝福、療癒、能量——七十二幅滋養靈性的神聖藝術	費絲·諾頓◎著	450 元

JP0139	我還記得前世	凱西・伯德◎著	360 元
JP0140	我走過一趟地獄	山姆・博秋茲◎著 貝瑪・南卓・泰耶◎繪	699 元
JP0141	寇斯的修行故事	莉迪・布格◎著	300 元
JP0142	全然接受這樣的我： 18 個放下憂慮的禪修練習	塔拉・布萊克◎著	360 元
JP0143	如果用心去愛，必然經歷悲傷	喬安・凱恰托蕊◎著	380 元
JP0144	媽媽的公主病： 活在母親陰影中的女兒，如何走出自我？	凱莉爾・麥克布萊德博士◎著	380 元
JP0145	創作，是心靈療癒的旅程	茱莉亞・卡麥隆◎著	380 元
JP0146	一行禪師　與孩子一起做的正念練習： 灌溉生命的智慧種子	一行禪師◎著	450 元
JP0147	達賴喇嘛的御醫，告訴你治病在心的 藏醫學智慧	益西・東登◎著	380 元
JP0148	39 本戶口名簿：從「命運」到「運命」・ 用生命彩筆畫出不凡人生	謝秀英◎著	320 元
JP0149	禪心禪意	釋果峻◎著	300 元
JP0150	當孩子長大卻不「成人」……接受孩子不 如期望的事實、放下身為父母的自責與內 疚，重拾自己的中老後人生！	珍・亞當斯博士◎著	380 元
JP0151	不只小確幸，還要小確「善」！每天做一 點點好事，溫暖別人，更為自己帶來 365 天全年無休的好運！	奧莉・瓦巴◎著	460 元
JP0154	祖先療癒：連結先人的愛與智慧，解決個人、 家庭的生命困境，活出無數世代的美好富足！	丹尼爾・佛爾◎著	550 元
JP0155	母愛的傷也有痊癒力量：說出台灣女兒們 的心裡話，讓母女關係可以有解！	南琦◎著	350 元
JP0156	24 節氣　供花禮佛	齊云◎著	550 元
JP0157	用瑜伽療癒創傷： 以身體的動靜，拯救無聲哭泣的心	大衛・艾默森 伊麗莎白・賀伯　◎著	380 元
JP0158	命案現場清潔師：跨越生與死的斷捨離・ 清掃死亡最前線的真實記錄	盧拉拉◎著	330 元
JP0159	我很瞎，我是小米酒： 台灣第一隻全盲狗醫生的勵志犬生	杜韻如◎著	350 元
JP0160	日本神諭占卜卡： 來自眾神、精靈、生命與大地的訊息	大野百合子◎著	799 元
JP0161	宇宙靈訊之神展開	王育惠、張景雯◎著繪	380 元

JP0162	哈佛醫學專家的老年慢療八階段：用三十年照顧老大人的經驗告訴你，如何以個人化的照護與支持，陪伴父母長者的晚年旅程。	丹尼斯．麥卡洛◎著	450 元
JP0163	入流亡所：聽一聽‧悟、修、證《楞嚴經》	頂峰無無禪師◎著	350 元
JP0165	海奧華預言：第九級星球的九日旅程．奇幻不思議的真實見聞	米歇．戴斯馬克特◎著	400 元
JP0166	希塔療癒：世界最強的能量療法	維安娜．斯蒂博◎著	620 元
JP0167	亞尼克　味蕾的幸福：從切片蛋糕到生乳捲的二十年品牌之路	吳宗恩◎著	380 元
JP0168	老鷹的羽毛——一個文化人類學者的靈性之旅	許麗玲◎著	380 元
JP0169	光之手 2：光之顯現——個人療癒之旅．來自人體能量場的核心訊息	芭芭拉．安．布藍能◎著	1200 元
JP0170	渴望的力量：成功者的致富金鑰．《思考致富》特別金賺祕訣	拿破崙．希爾◎著	350 元
JP0171	救命新 C 望：維生素 C 是最好的藥，預防、治療與逆轉健康危機的秘密大公開！	丁陳漢蓀、阮建如◎著	450 元
JP0172	瑜伽中的能量精微體：結合古老智慧與人體解剖、深度探索全身的奧秘潛能，喚醒靈性純粹光芒！	提亞斯．里托◎著	560 元
JP0173	咫尺到淨土：狂智喇嘛督修．林巴尋訪聖境的真實故事	湯瑪士．K．修爾◎著	540 元
JP0174	請問財富．無極瑤池金母親傳財富心法：為你解開貧窮困頓、喚醒靈魂的富足意識！	宇色 Osel ◎著	480 元
JP0175	歡迎光臨解憂咖啡店：大人系口味．三分鐘就讓您感到幸福的真實故事	西澤泰生◎著	320 元
JP0176	內壇見聞：天官武財神扶鸞濟世實錄	林安樂◎著	400 元
JP0177	進階希塔療癒：加速連結萬有，徹底改變你的生命！	維安娜．斯蒂博◎著	620 元
JP0178	濟公禪緣：值得追尋的人生價值	靜觀◎著	300 元
JP0179	業力神諭占卜卡——遇見你自己．透過占星指引未來！	蒙特．法柏◎著	990 元
JP0180	光之手 3：核心光療癒——我的個人旅程．創造渴望生活的高階療癒觀	芭芭拉．安．布藍能◎著	799 元
JP0181	105 歲針灸大師治癒百病的祕密	金南洙◎著	450 元
JP0182	透過花精療癒生命：巴哈花精的情緒鍊金術	柳婷◎著	400 元
JP0183	巴哈花精情緒指引卡：花仙子帶來的 38 封信——個別指引與練習	柳婷◎著	799 元

眾生系列　JP0190
水晶寶石　光能療癒卡（64 張水晶寶石卡＋指導手冊＋卡牌收藏袋）
CRYSTAL HEALING CARD

作　　者／AKASH 阿喀許、Rita Tseng 曾桂鈺
攝　　影／Rita Tseng 曾桂鈺
責任編輯／陳芊卉
內文排版／歐陽碧智
內文版型與封面設計／兩棵酸梅
業　　務／顏宏紋
印　　刷／韋懋實業有限公司

發 行 人／何飛鵬
事業群總經理／謝至平
總 編 輯／張嘉芳
出　　版／橡樹林文化
城邦文化事業股份有限公司
115 台北市南港區昆陽街 16 號 4 樓
電話：(02)2500-0888　傳眞：(02)2500-1951
發　　行／英屬蓋曼群島商家庭傳媒股份有限公司城邦分公司
115 台北市南港區昆陽街 16 號 8 樓
客服服務專線：(02)25007718；25001991
24 小時傳眞專線：(02)25001990；25001991
服務時間：週一至週五上午 09:30 ～ 12:00；下午 13:30 ～ 17:00
劃撥帳號：19863813　戶名：書虫股份有限公司
讀者服務信箱：service@readingclub.com.tw
香港發行所／城邦（香港）出版集團有限公司
香港九龍土瓜灣土瓜灣道 86 號順聯工業大廈 6 樓 A 室
電話：(852)25086231　傳眞：(852)25789337
Email: hkcite@biznetvigator.com
馬新發行所／城邦（馬新）出版集團【Cité (M) Sdn.Bhd. (458372 U)】
41, Jalan Radin Anum, Bandar Baru Sri Petaling,
57000 Kuala Lumpur, Malaysia.
電話：(603) 90563833　傳眞：(603) 90576622
Email：services@cite.my

初版一刷／ 2022 年 1 月
初版五刷／ 2024 年 9 月
ISBN ／ 978-626-95219-7-5
定價／ 1500 元

國家圖書館出版品預行編目（CIP）資料

水晶寶石 光能療癒卡 = Crystal healing card/ AKASH 阿喀許 , Rita Tseng 曾桂鈺著 . -- 初版 . -- 臺北市 : 橡樹林文化 , 城邦文化事業股份有限公司出版 : 英屬蓋曼群島商家庭傳媒股份有限公司城邦分公司發行 , 2021.12
　面；　公分 . -- (眾生 ; JP0190)
ISBN 978-626-95219-7-5(平裝)

1. 占卜

292.96　　110020643

廣　告　回　函
北區郵政管理局登記證
北 台 字 第 10158 號

郵資已付　免貼郵票

115 台北市南港區昆陽街 16 號 4 樓

城邦文化事業股份有限公司
橡樹林出版事業部　收

請沿虛線剪下對折裝訂寄回，謝謝！

|橡|樹|林|

書名：水晶寶石　光能療癒卡　書號：JP0190

橡樹林文化
讀者回函卡

感謝您對橡樹林出版社之支持，請將您的建議提供給我們參考與改進；請別忘了給我們一些鼓勵，我們會更加努力，出版好書與您結緣。

姓名：＿＿＿＿＿＿＿＿ □女 □男 生日：西元＿＿＿＿＿＿年

Email：＿＿＿＿＿＿＿＿＿＿＿＿＿＿＿＿

● 您從何處知道此書？

□書店 □書訊 □書評 □報紙 □廣播 □網路 □廣告 DM

□親友介紹 □橡樹林電子報 □其他＿＿＿＿＿＿＿＿

● 您以何種方式購買本書？

□誠品書店 □誠品網路書店 □金石堂書店 □金石堂網路書店

□博客來網路書店 □其他＿＿＿＿＿＿＿＿

● 您希望我們未來出版哪一種主題的書？（可複選）

□佛法生活應用 □教理 □實修法門介紹 □大師開示 □大師傳記

□佛教圖解百科 □其他＿＿＿＿＿＿＿＿

● 您對本書的建議：

＿＿＿＿＿＿＿＿＿＿＿＿＿＿＿＿＿＿＿＿

＿＿＿＿＿＿＿＿＿＿＿＿＿＿＿＿＿＿＿＿

＿＿＿＿＿＿＿＿＿＿＿＿＿＿＿＿＿＿＿＿

非常感謝您提供基本資料，基於行銷及客戶管理或其他合於營業登記項目或章程所定業務需要之目的，家庭傳媒集團（即英屬蓋曼群商家庭傳媒股分有限公司城邦分公司、城邦文化事業股分有限公司、書虫股分有限公司、墨刻出版股分有限公司、城邦原創股分有限公司）於本集團之營運期間及地區內，將不定期以MAIL訊息發送方式，利用您的個人資料於提供讀者產品相關之消費與活動訊息，如您有依照個資法第三條或其他需服務之務，得致電本公司客服。

我已經完全了解左述內容，並同意本人資料依上述範圍內使用。

＿＿＿＿＿＿＿＿＿＿＿＿（簽名）

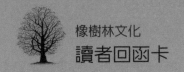